Max Winters

Zur Organisation des südrussischen Getreide-Exporthandels

unikum

Max Winters

Zur Organisation des südrussischen Getreide-Exporthandels

ISBN/EAN: 9783845744070

Erscheinungsjahr: 2012

Erscheinungsort: Bremen, Deutschland

© Unikum in Europäischer Hochschulverlag GmbH & Co. KG, Fahrenheitstr. 1, 28359 Bremen. Alle Rechte beim Verlag und bei den jeweiligen Lizenzgebern.

www.unikum-verlag.de | office@unikum-verlag.de

Bei diesem Titel handelt es sich um den Nachdruck eines historischen, lange vergriffenen Buches. Da elektronische Druckvorlagen für diese Titel nicht existieren, musste auf alte Vorlagen zurückgegriffen werden. Hieraus zwangsläufig resultierende Qualitätsverluste bitten wir zu entschuldigen.

Max Winters

Zur Organisation des südrussischen Getreide-Exporthandels

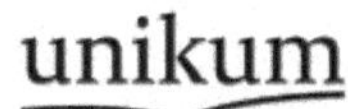

Zur Organisation des südrussischen Getreide-Exporthandels.

Inaugural-Dissertation
zur
Erlangung der Doktorwürde
der hohen philosophischen Fakultät
der
Großherzoglichen Carl-Ruprechtsuniversität
zu Heidelberg
vorgelegt
von

Max Winters
aus Pyrmont.

Leipzig 1905, Duncker & Humblot.

Rußland war das erste Land, welches an den sich im vorigen Jahrhundert entwickelnden Weltmarkt in Getreide Überschüsse abgeben konnte, England dasjenige, in dem sich am frühesten ein Einfuhrbedürfnis geltend machte. London wurde von der Mitte des vorigen Jahrhunderts an der erste Getreidehandelsplatz, nicht nur für die Versorgung Englands, sondern es gewann auch eine größere und langdauernde Bedeutung für den Kontinent durch den großen internationalen Zwischenhandel, den es vermittelte. Die in der Anlage Nr. 1 gegebene graphische Darstellung zeigt die Entwickelung der englischen Einfuhr in Weizen und der daran beteiligten Produktionsländer von 1845 bis zur Gegenwart. Es ergibt sich, daß Rußlands Anteil bis zum Jahre 1872 der weitaus dominierende war und im Jahre 1877 sogar Amerika noch übertraf. Von da ab aber übernahmen die Vereinigien Staaten ihrerseits mit großen Ziffern die Führung in der Versorgung. In den 1870er Jahren hatte dann auch in Australien und Argentinien der Weizenbau erheblich zugenommen; es sandten nun auch diese Länder größere Mengen. Von dieser Zeit ab wird die graphische Darstellung ungenau, da die Quantitäten der übrigen Ausfuhrländer, außer Amerika und Kanada, mit denen Rußlands zusammengeworfen sind. Immerhin geben sie eine ungefähre Übersicht von der Bedeutung Rußlands ab.

Die gesamte russische Getreideausfuhr zur See zerfällt in drei gesonderte Gebiete: Den Schwarzmeer-Rayon, den Azow-Distrikt und den Norden Rußlands.

1. Der Schwarzmeer-Rayon.

Das Produktionsgebiet für den Export des Schwarzmeer-Rayons bilden die Gouvernements Bessarabien, Podolien, Cherson, Jakaterinoslaw und Taurien. In Podolien variiert schon die Grenze für den Transport nach dem Süden je nach der Ernte in den anschließenden nördlicheren Gebieten und dem davon abhängigen russischen Eigenkonsum, auch treten hier schon Danzig und Königsberg als Konkurrenten mit dem Süden auf.

Landwirtschaftliches.

Bessarabien ist die Maiskammer Rußlands, doch werden auch die anderen Getreidearten gebaut. In Podolien ist Weizenbau durchaus der vorherrschende Anbau. In Jekaterinoslaw ist etwa ½ der Anbaufläche mit Weizen besät, ⅛ Gerste, der Roggenanbau ist bedeutend zurückgegangen, ferner baut man meist Hirse und Leinsaat. In diesem Gouvernement befinden sich eine große Hüttenindustrie, die Haupterz- und Kohlenlager Rußlands; auch die Mühlenindustrie ist sehr entwickelt, so daß in der gleichnamigen Hauptstadt selbst oft ebenso hohe Preise für Weizen gezahlt werden wie in Odessa. Es hat einen für die südlichen Gouvernements außergewöhnlich großen Eigenkonsum. Für den Export muß man sich schon auf die Linie begeben. Die Landpreise sind dort von 70 bis 80 Rubel pro Deßjatine auf 175 bis 225 Rubel gestiegen, wohingegen die Preise nur für Gerste relativ und im Verhältnis zu Weizen gestiegen sind.

Anfang der 1890er Jahre wurde der Landbesitz in einer Hand auf 10 000 Deßjatinen beschränkt. Die Bauern dort sind entweder Besitzer oder Pächter, Hungersnot ist dort nicht, sie sind relativ gut gestellt. Es gibt viele deutsche Kolonisten: Besitzer oder Pächter, ferner große Gutsbesitzer. Die letzteren neigen zum Verkauf ihres Landes, da sie sich selbst meist nicht mit Bewirtschaftung ihrer Güter befassen. Inhaber von 10 000 Deßjatinen bearbeiten oft nur ⅕. Es gibt viel jungfräuliches Land. Die Statistik dieser Distrikte soll festgestellt haben, daß im Durchschnitt langer Jahre die Bauern bis zu ⅛ weniger ernten als die Gutsbesitzer, wegen der mangelhaften und oberflächlichen Bearbeitung des Landes. Der Acker wird schlecht gepflügt, und wenig landwirtschaftliche Maschinen sind im Gebrauch. In dem ganzen Süden werden Güter mit Hülfe der Regierung parzelliert.

Die Grundbesitz-Statistik ꝛc. der Semstwos stand mir nicht zur Verfügung. Ich muß mich über die Produktion des ganzen Südens auf allgemeine fragmentarische Angaben beschränken. 50 % der landwirtschaftlichen Bevölkerung besteht wohl aus kleinen russischen Bauern, davon die Hälfte landlose. Im Gouvernement Podolien sollen dieselben noch etwa 50 % der Weizenfläche bearbeiten, im allgemeinen aber nicht mehr als 10 % des Landes im Süden bewirtschaften. Die Lage ist eine oft äußerst bedrückte. Die Regierung muß viel mit Vorschüssen bis zur nächsten Ernte eingreifen. Es ist dann zweitens der Landbesitz der Feldgemeinschaften zu nennen. Die Zustände derselben und deren schädlicher Einfluß auf die Entwickelung sind von Simkovitsch [1] geschildert, welcher an deren Stelle das Privateigentum fordert. Drittens der Landbesitz der Großgrundbesitzer a) Edelleute, die zum weitaus größten Teil keine Eigenwirtschaft haben b) Großgrundbesitzer, aus den deutschen Kolonisten hervorgegangen, und die übrigen deutschen Kolonisten; zuletzt der Landbesitz, der sich bei anderen Ständen: Kleinbürgern rc. befindet. Vor allem haben die deutschen Kolonisten prosperiert. Sie sind im Süden über alle genannten Gouvernements verbreitet, vorzugsweise in Cherson, Jekaterinoslaw und Taurien, im Kaukasus erst in neuerer Zeit, besonders wohlhabende wohnen im taurischen Gouvernement. Sie sind zumeist im Anfang des vorigen Jahrhunderts eingewandert. Bei der Ansiedelung bekam ein jeder 60 Deßjatinen Land. Als Erbfolge wurde von der Regierung das Minorat bestimmt, danach sollten die älteren Söhne anderweitig angesiedelt werden; diese Bestimmung wurde indes umgangen; fast immer erbten alle Söhne. Der Besitz hat sich daher außerordentlich verschoben. Im ganzen werden im Süden Rußlands etwa 2½ Millionen Deßjatinen Land in Händen der Kolonisten sein. Ursprünglich zahlten sie 50 Kopeken pro Deßjatine Pacht, nach 44 Jahren war das Land persönliches Eigentum. Wurde der frühere Besitz gewünscht, so betrug die Loskaufssumme nur 7 Rubel per Deßjatine. Sie wohnen in abgeschlossenen Kolonien im Chersoner Gouvernement. In der Umgegend von Wosnessensk am Bug habe ich ihre Verhältnisse näher untersucht. Diese Kolonien tragen deutsche Namen wie: Rastadt, Speyer, Karlsruhe, München, Landau, welche wohl die Herkunftsstätten der Einwanderer kennzeichnen.

Ursprünglich standen sie unter einer speziellen Verwaltung und Gerichtsbarkeit, hiervon wurden sie im Jahre 1871 frei, und jetzt entstand in großem Maße das Streben nach Landbesitz, worin ihnen die großen Gutsbesitzer mit dem Wunsche, zu verkaufen, sehr entgegen kamen. Vor 20 Jahren war der Preis einer Deßjatine in diesen Gebieten 35 bis 40 Rubel: man zahlt heute bis 250 Rubel. Die Bewirtschaftung ist eine primitive, ebenso wie bei Gutsbesitzern. Mit seltenen Ausnahmen Raubbau, keine rationelle Fruchtwechselwirtschaft, Düngung fast gar nicht. Nimmt das Unkraut überhand, dann erst bebaut man, der Not gehorchend, die betreffende Fläche einmal mit Mais oder Kartoffeln. Wenig oder kein Brachland. Ein großer Teil der Mißernten ist nicht nur auf das ungünstige regen-

---

[1] Simkovitsch, Feldgemeinschaften in Rußland.

arme kontinentale Klima zurückzuführen, sondern auf mangelhafte Bewirtschaftung. Die ganze Wirtschaftsweise ist eine altväterliche, wird aber mit unermüdlichem Fleiße und Eifer betrieben. Landwirtschaftliche Nebengewerbe gibt es nicht, keine Milchwirtschaft und keine regelrechte Geflügelzucht.

Arbeiter: Die Kolonien bestehen oft schon zur Hälfte aus Landlosen, doch reicht die Ortsbevölkerung nicht zur erforderlichen Arbeitsleistung aus. Die Arbeiter wandern zu aus Kiew, Podolien, Poltawa 2c. Sie werden meist für Fristen gemietet (15. Mai bis 1. Oktober „Pokrowa"). Außer Verpflegung bekommen dieselben etwa 60 bis 65 bis 70 Rubel Lohn. Sie gehen dann später in die Fabriken oder an andere lohnendere Arbeiten. Bei Großgrundbesitzern sind sie lieber beschäftigt; es scheint, daß sie dort nicht so angestrengt werden, auch arbeiten sie lieber in großen Gruppen. Der überhandnehmenden Planlosigkeit der Arbeiterwanderungen steuern die Behörden letzthin durch entsprechende Dirigierung, indem die Arbeiter abgebenden Distrikte Instruktion erhalten. Eine eigentliche Landarbeiterfrage existiert nicht. Indes ist die Gesinnung dieser Leute revolutionär, ebenso wie bei den proletarischen Kleinbauern, aus welchen die Regierung nach Möglichkeit Übersiedelung nach Sibirien und den Amurgegenden vermittelt. Ein kleines Betriebskapital, etwa 100 Rubel, wird für die erste Einrichtung gefordert. Mit Regierungshülfe werden im südlichen Rußland Güter parzelliert. Die Gesamtheit der proletarischen Existenzen in der Landwirtschaft fühlt sich durchaus als Klasse, und man steht hier ebenso wie in der Stadt großen Gefahren gegenüber. Besonders die großen Besitzer haben das Gefühl der Unsicherheit den Massen gegenüber, bei deren slawischem Temperament mit Recht.

Rentabilität (nach Informationen aus der Umgegend von Wossnessensk): Trotz der rapide gestiegenen Landpreise und Pachten, letztere 9,50 bis 10 Rubel pro Deßjatine, wurde die Rentabilität hier durchgängig bejaht. Ungefähre Berechnung für eine Deßjatine:

Pflügen	3—4	Rubel,
Säen	2	„
Saat	3	„
Einernten	2—4	„
	11—13	Rubel.
Pacht	10	„
	21—23	Rubel.

Diese Kosten würden bei Weizen bei den jetzigen Durchschnittspreisen zur Deckung eine Ernte von 50 Pud erfordern. Die Ernte von 1903 in diesen Gegenden war für Weizen 70 bis 80 Pud, Roggen 60 Pud, Gerste 100 Pud. Die letzten 3 Ernten waren gut. Dies allein erklärt die hohen Landpreise und Pachten, deren Sinken nach ein paar Mißernten ein ebenso schnelles sein wird. Landwirtschaftlicher Kredit ist billig für 4½ bis 5% bis zu 60% der jeweiligen Taxationssumme von landwirtschaftlichen Banken zu haben. Die Lebensweise der Kolonisten ist eine äußerst einfache. Erst die jüngere Generation beginnt, sich einem etwas erhöhten materiellen Lebensgenuß zuzuwenden. Sie heiraten nur untereinander, werden von der russischen Bevölkerung als habgierig und ungefällig geschildert und sind wenig beliebt. Die Heimat ihrer Vorfahren ist ihnen vollständig gleichgültig geworden. Sie kennen sie nur noch dem Namen nach.

Die Entwickelung der Handelsorganisation.

Die ursprünglichen Organisatoren des russischen Getreide-Exporthandels vom Schwarzen Meer waren Griechen, welche sich in Rußland und London in den 30er Jahren des vorigen Jahrhunderts niederließen[1] und Eigenhandel betrieben. Darauf kamen im Schwarzmeer-Rayon noch meist jüdische russische Händler hinzu. In den 70er Jahren, als der Weltmarkt größere Dimensionen annahm, und die Erschließung Rußlands durch die Bahnen immer weiter fortschritt, traten auch französische, englische und deutsche Firmen in den Exporthäfen auf den Plan, die die Getreideausfuhr mit großem Handelskapital in größtem Maßstabe zu betreiben anfingen. So z. B. bewältigen in Nokolaieff drei dieser Firmen 2 Jahre nach ihrem Auftreten ⅓ und wenige Jahre später die Hälfte des ganzen Exports, während den schon existierenden etwa 20 Firmen nur die übrige Hälfte verbleibt. Die Organisation dieser Firmen war ein über das ganze Getreideproduktionsgebiet sich erstreckendes Aufkaufsnetz. Die ausländische Zentrale stand nur mit wenigen russichen Filialen (Odessa, Nikolaieff, Sebastopol) in direkter Verbindung, welche letztere in ihren resp. Rayons außer der Vollziehung der Platzeinkäufe sich durch Agenten in möglichst engen Verkehr mit den Produzenten setzten, namentlich an den Eisenbahnlinien in jeder Station ihre Aufkäufer postierten und hier das sogenannte Liniengeschäft unterhielten. Diese Firmen, welche durch ihre Kapitalmacht in der Lage waren, diese Organisation aufrecht zu erhalten, waren den russichen Händlern

[1] Siehe auch Fuchs, Der englische Getreidehandel, in Conrads Jahrbüchern für Nationalökonomie u. Stat., Neue Folge, Bd. XX, S. 1—74, 1890.

weitaus überlegen. Sie konnten sich die Arbitrage, d. h. die gleichzeitigen örtlichen Preisdifferenzen innerhalb des ganzen Produktionsgebietes zu Nutzen machen und Kombinationen ausführen, die allen anderen unmöglich waren. Die Firmen hatten auch an den ausländischen Märkten dementsprechenden Einfluß, eine Berliner Firma z. B. dominierte im Roggenmarkt vollständig, die Handelsgewinne waren lohnend. Allmählich wurde dann unter der zunehmenden Konkurrenz innerhalb des Handels in Rußland das Getreidegeschäft spekulativ hazardartig, so daß eine große Anzahl dieser Firmen aufgerieben wurde, und heute nur noch zwei von denselben, eine Pariser und eine Berliner, existieren. Erstere hat allerdings gewaltige Erfolge am ganzen Weltmarkt errungen. Sie ist jetzt in sämtlichen Produktionsländern in weit über 200 Plätzen ansässig, und hat in neuester Zeit namentlich in Deutschland in den Verfügungszentren, die die Konsumtionsgebiete versorgen, eigene Niederlagen errichtet, so in Hamburg, Berlin, Bremen, Mannheim, Duisburg 2c.[1] Der Umsatz für 1902 am Weltmarkt wurde auf 25 Millionen Meterzentner angegeben, wovon in Rußland allein 54 Millionen Pud aufgekauft wurden. Ein konkretes Beispiel, wie stark dem Handel die Tendenz inne wohnt, die politischen Volksgemeinschaften — oft zum Schaden der einzelnen — zu überschreiten: sein Wesen liegt in der Überwindung der örtlichen Güterknappheit, lokaler, interlokaler oder internationaler. Allmählich trat dann eine allgemeine Demokratisierung des Handels in Rußland ein. Die gegenwärtige Zusammensetzung der russischen Kaufmannschaft wird bei den einzelnen Exporthäfen besprochen werden.

Odessa.

Der bedeutendste Ausfuhrplatz nicht nur des Schwarzmeer-Rayons, sondern ganz Rußlands ist Odessa. Es hat zwar relativ mit der Steigerung des Gesamtexports nicht ganz Schritt gehalten, doch verschifft es noch heute absolut die größte Menge Getreide von allen russischen Exporthäfen. Odessa ist direkt am offenen Meere gelegen und der bedeutendste Handelsplatz des südlichen Rußlands überhaupt; der Getreidehandel steht an erster Stelle.

Der Zwischenhandel. Der Bauer und kleine Produzent bringt sein Getreide, wenn er Geld braucht, das ganze Jahr über, vorzugsweise nach der Ernte, an den nächsten sog. Bazarplatz. Dies sind solche Dörfer oder Städte, in denen ein großer, freier Platz,

[1] Es ist die Firma Louis Dreyfus & Cie., Paris.

Bazar, hergerichtet ist, auf welchem sich die Bauern und kleinen Händler örtlich und zeitlich konzentrieren, um dort das Getreide in natura zu verhandeln und zu übernehmen. Die Eisenbahnstationen und die im Flußschiffahrts-Terrain gelegenen direkten Verladungsplätze sind die größten. Im ganzen Umkreis jedes Bazarortes führen die Bauern das Getreide zu Wagen einzeln oder in großen Karawanen zu dieser Börse unter freiem Himmel und kommen dort meist früh bei Tagesanbruch an. Der lebhafteste Bazar ist der Sonntag Morgen. Die Marktbildung ist eine relativ gute, jedenfalls aber sind die Produzenten durch die außerordentliche Konkurrenz unter den Aufkäufern nicht im Nachteile, einerlei, wie weit dieser Inlandsbazar von den Hafenplätzen entfernt ist. Die größeren Produzenten bringen ihre Ware nicht an den Bazar, sondern erwarten die Händler bei sich, falls sie nicht vorziehen, ihr Getreide einem Kommissionär direkt in den Hafenplatz zu schicken. Der erste Aufkäufer im Zwischenhandel verkauft die Ware weiter an die Spekulanten oder größeren Händler, und ehe dieselbe den Hafen erreicht, ist sie oft durch vier bis fünf Hände gegangen, welche alle, falls sie nicht spekulieren wollen, nur einen minimalen Profit erzielen können, oft aber schon nach kürzester Frist verlieren müssen. Für die Exporteure im Hafenplatz kommen zwei Arten des Einkaufs in Frage, 1. der direkte Einkauf im Innern von den Produzenten. Das ist das sog. Liniengeschäft: die Firmen unterhalten selbst Agenten, meist direkte Angestellte auf der sog. Strecke, kaufen das Getreide an Ort und Stelle, überwiegend franko Bahn oder Flußstation, und übernehmen den weiteren Transport für eigene Rechnung. Bei großen Gutsbesitzern werden von kapitalkräftigen Käufern auch wohl größere Angelder vor Lieferung der Ware gegeben, und in solchen Fällen bewilligen die Verkäufer eine kleine Preisreduktion. 2. Der Einkauf am Platze. Hier sind die Verkäufer die Platzhändler und Spekulanten, welche ihrerseits für eigene Rechnung den Einkauf vom Innern aus übernehmen und den Exporteuren franko Odessa offerieren und verkaufen. Ferner die Kommissionäre, welche das Getreide von Gutsbesitzern aus dem Innern zugeschickt bekommen und nach deren Instruktionen am Markt realisieren.

1900 exportierte Odessa an Weizen . .	2 274 500	Tschetvert.
In Odessa selbst wurde gehandelt nach offizieller Statistik.	1 617 735	"
folglich direkt im Innern gekauft	656 715	Tschetvert,

welche unter Umgehung der Odessaer Kotierung zum Export gelangten. Bei denjenigen Produkten, bei welchen nicht so große Qualitätsunterschiede gemacht werden, wie Roggen, Gerste, Mais, ist der direkte Einkauf noch größer, da das Risiko der Qualitätsabweichungen nicht so groß ist. Die Tendenz zum direkten Einkauf im Innern steigt, so daß der Schwerpunkt des Geschäftes bald nicht mehr in Odessa liegen wird, sondern im Innern bei den Produzenten. Jedenfalls haben sich schon die meisten Gutsbesitzer angewöhnt, die Ware bei sich zu Hause liegen zu lassen, bis der Käufer kommt. Die Händler beschränken sich auf Aufkauf der kleinen Zufuhren an den verschiedenen Marktplätzen im Innern, da sie bei der Konkurrenz der Exporteure keinen lohnenden Verdienst mehr haben. Als weitere Folge ist zu konstatieren, daß durch den direkten Einkauf die Ansammlung von großen Warenmassen (visible supply) vermieden wird. Dies geschieht namentlich, wenn die Ware in Fluß-Transportschiffen liegt, denen meist nur 10 bis 12 freie Wartetage im Hafen während der Navigationszeit zugebilligt werden. Früher konnten derartige große Warenansammlungen drückend auf die Preise wirken. Der Großgrundbesitzer ist also jetzt entschieden im Vorteil, früher mußte er die Ware auf den Odessaer Markt bringen, bei guten Ernten entstand massenhafte Zufuhr, dann ein Preissturz. Jetzt sucht der Handel den Produzenten im Innern auf, er kauft, wenn er Meinung hat, auf Spekulation, oder wenn er die Ware gleichzeittg nach dem Auslande abstoßen kann. Kommt die Ware auf den Odessaer Markt, so ist sie größtenteils schon verkauft. Früher mußte der Großgrundbesitzer das Risiko laufen, jetzt übernimmt es der Handel resp. der Exporteur. Außerdem spart der Gutsbesitzer noch die Provision für den Odessaer Kommissionär. Der Weg, den das Getreide von großen Gutsbesitzern bis zum Exporteuer durchläuft, ist also ein ziemlich direkter, und wenige Mittelsleute sind daran beteiligt, mithin verliert der Produzent nur wenig von dem vom Exporteur gezahlten Preise. Anders beim übrigen Zwischenhandel. Der übliche Weg, den das Getreide hier durchläuft, ist vom Besitzer oder Bauern an den kleinen Bazarmakler, an weitere jüdische Händler, an den Kommissionär, an den Odessaer Exporteur. Auf diesem Wege sind oft 4 bis 5 Vermittler tätig, welche unter Umständen $2^1/_2$ bis 3 bis $3^1/_2$ % Provision verdienen, ehe die Ware in die Hände des Exporteurs gelangt. Ich vermag dennoch nicht einzusehen, daß dieser Verdienst des Zwischenhandels der Löwenanteil des Gewinnes sein soll, wie Bürgel[1] meint. Ebenso hat er Unrecht,

[1] M. Bürgel, „Russisches Getreide", in diesem Jahrbuch 1900, Bd. XXIV, S. 671.

wenn er von der „Abhängigkeit“ des Produzenten von den Aufkäufern und Getreidehändlern berichtet. Wir haben bereits gesehen, was es damit auf sich hat. Hervorgehoben aber muß die ganz außerordentliche Unsolidität des Zwischenhandels werden, worunter der ganze Exporthandel zu leiden hat. Es ist dies die Verschlechterung der Qualitäten durch Beimischung minderwertigerer Ware oder fremder Bestandteile, wie Erde, Steinchen, wertloser Samen usw. Diese Beimischung heißt im Handel Besatz, und ist eine gewisse Menge davon unvermeidlich. Der gesamte Zwischenhandel im Schwarzmeer-Rayon wird von jüdischen Händlern gehandhabt, und stehen diese Schwindeleien im direkten Zusammenhang mit der russischen Judenbehandlung und sind nur durch diese zu erklären. Die russische Judengesetzgebung schließt die jüdischen Untertanen des Zarenreiches von vielen Berufsarten aus. Die 3 Hauptstände der russischen Gesellschaft, Beamtentum, Gutsbesitzer, Offiziere, sind vollständig für sie abgeschlossen, die Ergreifung der liberalen Berufe ist außerordentlich erschwert, zum Teil auch gesperrt. Man beginnt damit schon durch numerische Beschränkung der Aufnahme in die zum Studium vorbereitenden Unterrichtsanstalten. Man hat die Niederlassungsfreiheit territorial begrenzt für jüdische Untertanen. Speziell erlaubt als Wohnsitz aber sind die südlichen Gouvernements, also der Sitz des Getreidehandels. Landbesitz darf der russische Jude mit Ausnahme von Polen auch nicht haben. Also bleibt nur Gewerbe und Handel für die größere Masse der etwa 5 Millionen Juden übrig. Zu dem letzteren drängt die Neigung als Rasseneigentümlichkeit ohne dies. Durch die Monopolisierung des Branntweinverkaufs, welcher meist in jüdischen Händen lag, sind ebenfalls viele beschäftigungslos geworden. Im Schwarzmeer-Rayon sind daher eine erschreckend große Zahl Juden im Getreidehandel tätig, so daß viel zu viel Menschen daraus ihren Lebensunterhalt gewinnen müssen und so die Konkurrenz auf die Spitze treiben. Was wunder, wenn nun und besonders bei schlechten Konjunkturen verwerfliche Mittel angewandt werden, um im härtesten Kampf um die individuelle wirtschaftliche Existenz zu bestehen. Die Terrorisierung geht überdies weit über das wirtschaftliche Gebiet hinaus, und die Gefahren der Judenhetzen sind habituell. Man braucht nur an das Kischinewer Blutbad der Ostertage 1903 zu erinnern, bei welchem die Verwaltungsbehörden durch ihre passive Beihülfe es geschehen ließen, daß gegen 60 jüdische Männer, Frauen und Kinder gemordet wurden in nicht wiederzugebender Weise: die einzelnen Szenen standen an

Bestialität keinem Massacre nach, welches die Welt je erleben mußte. Es klingt daher fast wie Hohn, wenn bei der späteren Judenhetze in Gomel, wo im August 1904 wiederum eine größere Anzahl getötet wurde, von offizieller Seite, nachdem erst das Bedauern an dem Vorgange ausgedrückt war, der allerdings zutreffende Vorwurf gemacht wurde, daß sie sich an der russischen sozialen revolutionären Bewegung in besonderem Maße agitatorisch beteiligen. Man mag über die Rassenfrage in Rußland denken, wie man will, man wird, wenn man diese Atmosphäre geatmet und das triefende Elend und die Armut eines großen Teiles der russischen Juden gesehen, die Grausamkeit, deren Rußland sich durch die wirtschaftliche Bedrückung dieser Untertanen schuldig macht, nicht scharf genug verurteilen können, von denen man im übrigen dieselben Pflichten fordert, wie von den anderen Staatsangehörigen.

Der Transport.

Der Getreidetransport in Rußland nach den Ausfuhrhäfen verteilt sich zwischen Zufuhr per Wagen, per Eisenbahn und zu Wasser die Flüsse hinunter.

Ein Blick auf die Karte zeigt die Großmaschigkeit des Eisenbahnnetzes. Die russische Regierung hat wegen der außerordentlichen Wichtigkeit für den Getreideexport in den letzten Jahrzehnten nicht nur durch Bahnbau, sondern auch in die Regelung der Transportverhältnisse selbst eingegriffen und namentlich eine der ganzen Landwirtschaft und dem Handel günstigere Tarifpolitik eingeschlagen, was gegen früher, wo die Tarife der Willkür der einzelnen Eisenbahngesellschaften unterlagen, als ein ungeheuerer Fortschritt zu bezeichnen ist. In Gegenden, wo die Eisenbahntransporte während der Schiffahrtssaison mit den Flußtransporten konkurrieren, sind ermäßigte, sog. Navigationstarife eingeführt worden[1]. Über den Mangel an rollendem Material werden indes seitens des Handels fortgesetzt Klagen laut, wie auch über andere Mißstände der inneren Verwaltung. Für den Transport nach Odessa kommt besonders die Südwestbahn in Betracht. Die Verladung des Getreides geschieht zumeist in Säcken, zum Teil auch in loser Schüttung. Die höchste Fracht, die für Odessa bezahlt wird, beträgt etwa 14 Kopeken pro Pud von der Station Kasatin (Entfernung etwa 800 Werst). Es

[1] Die Entwickelung der Eisenbahntarife Rußlands ist ausführlich dargestellt von Peter Werьho in „Schriften des Vereins für Socialpolitik" 1900, Bd. 89, S. 170—322.

ist dieser Frachtsatz bei Weizen bei einem Durchschnittspreise von 75 Kopeken immerhin schon ca. 20 % des Wertes der Ware. Die Zufuhr nach Odessa per Bahn betrug:

1899	35 000 000	Pud	= 51,47 %	der Gesamtzufuhr,
1900	23 000 000	„	= 42,60 %	„ „
1901	41 500 000	„	= 37,05 %	„ „
1902	28 000 000	„	= 31,11 %	„ „

Rußland ist außerordentlich reich an natürlichen Wasserstraßen. Im europäischen Rußland und Finland gibt es 47 044 km Schiffahrtsstraßen natürlichen und 1848 künstlichen Charakters[1]. Der größte Fluß ist die Wolga; von Schulze-Gävernitz nennt sie die Lebensader Rußlands. Es folgen dann im Süden von Osten nach Westen der Don, der Dnjepr, der Bug und Dnjestr. Für die Odessaer Zufuhren kommen hauptsächlich die Dnjeprtransporte in Betracht, deren natürliches Abflußgebiet durch die historische Entwickelung des Getreidehandels Odessa geblieben ist, und von denen trotz geringerer Entfernung von der Mündung dieses Flusses Nikolaieff nur den weitaus kleineren Teil an sich zieht. Die Transporte auf dem viel kleineren Dnjestr sind unbedeutend. Der Dnjepr ist von Alexandrowsk ab schiffbar. Von diesem Platz bis zu dem oberhalb gelegenen Jekaterinoslaw, Hauptstadt des gleichnamigen Gouvernements und für den Getreidehandel sehr günstig gelegen, befinden sich Untiefen und Stromschnellen. Die Regulierung des Flußbettes an dieser Strecke würde eine außerordentliche Transportverbesserung bedeuten und größere Gebiete für den Transporthandel erschließen. Ein von einem englischen Konsortium gemachtes Angebot, diese Korrektion zu sehr annehmbaren Bedingungen auszuführen, wurde, da von Ausländern stammend, von der russischen Regierung abgelehnt. Die Beförderung des Getreides geschieht in loser Schüttung in Flußkähnen, welche je bis zu 40 000 Pud Kapazität haben. Man nennt sie dort Berlinen (leichte Bauart), für den Flußtransport allein bestimmt, und Bargen (festere Bauart), gleichzeitig für den Seetransport von der Mündung der Flüsse nach den Exporthäfen verwendbar. Diese Kähne werden wie überall von Schleppdampfern event. an langen Ketten gezogen. Die Besitzer sind eine gesonderte Unternehmerklasse. Bei schlechten Ernten kommt es bezüglich der Transportpreise zu Vereinbarungen. Es ist ein stark spekulatives Unternehmen, und die Rentabilität dieses Hülfsgewerbes des Getreidehandels

[1] Conrad, Grundriß der politischen Ökonomie I, S. 397.

ist keine sichere, da es, wie jener selbst, von dem Ausfall der Ernte abhängig ist.

Um jeden Ausfuhrhafen zieht sich ein Rayon, aus welchem, namentlich von kleineren Produzenten, das Getreide auf Fuhrwerken an den Bazar geführt wird, genau wie es beim Innenhandel beschrieben wurde. Aus einer Entfernung von 80 bis 100 Werst kommen dieselben einzeln und in Karawanen, welche oft mehrere Tage unterwegs sind, angezogen und werden am Bazar von den Zwischenhändlern in Empfang genommen. Die Bedeutung dieser Transporte ist keineswegs so unbedeutend, wie Mertens[1] anzunehmen scheint, wenn auch stark variierend. Dieselben betrugen z. B. in Odessa in den Jahren

1899	4,41 %	der Gesamtzufuhr,	1902	16,00 %	der Gesamtzufuhr,
1900	14,18 %	„ „	1903	17,5 %	„ „
1901	14,00 %	„ „			

Die Transportfrage ist mit die wichtigste beim Getreideexport. Fast regelmäßig bildet eine gewisse Höhe der Kosten die Grenze um das Ausfuhrgebiet und verbietet oder erlaubt den Export. So wie ebenfalls innerhalb der Ausfuhr-Rayons eine bestimmte Entfernung von der Bahnstation oder Flußverladeplatz nicht überschritten werden kann, wenn der Preis lohnend sein soll. Die Landtransportkosten in Rußland sind im Verhältnis zu den Seefrachten bis in die Bestimmungsländer sehr hoch. Für den Odessaer Rayon kann man durchschnittlich pro Tonne 5 Mk. rechnen, während der Seetransport im Durchschnitt der letzten Jahre nach dem westlichen Kontinent oder England 8 Mk. resp. 8 Sch. kostete.

Die Lagerung.

Auch dem Lagerwesen hat die Regierung ihre Sorgfalt letzthin zugewandt, durch Bau von Elevatoren und Lagerhäusern an den Eisenbahnlinien und in den Häfen (Odessa, Nikolaieff, sehr große in Noworossisk); vorbildlich war Amerika. Die Elevatoren nehmen indes doch nur einen sehr geringen Teil des Getreides auf. Die Gutsbesitzer können hier ihre Ware einlagern und dann Vorschuß auf die Ware nehmen. Beim Handel sind sie keineswegs beliebt, da man vor allem schlecht gute Proben ziehen kann. Jedenfalls liegen auch in Rußland ganz andere Bedingungen vor für die Lagerung von Getreide als in den Vereinigten Staaten, wo man, abgesehen

[1] Oskar Mertens, „Rußlands Bedeutung für den Welt-Getreidemarkt" in v. Mayrs allgemeines statistisches Archiv 1900, II. Bd., S. 153—206.

von der viel größeren und entwickelteren verkehrswirtschaftlichen Basis, im großen und ganzen unter dem Einfluß des Handels wenige Standardtypen produziert, die Ware sogleich bei der Einlagerung klassifiziert, Receipts auf Qualität und Quantität ausstellt, die einzelnen Partien einfach vermischt, und es später bei der Verladung ins Schiff ganz gleichgültig bleibt, ob der Einlagerer dieselbe eingelieferte Partie wieder bekommt oder verkauft. Dies alles ist in Rußland anders. Warrants- und Warehouse-Receipts im amerikanischen Sinne sind unbekannte Dinge. Man begnügt sich meist mit Lagerhäusern (Magazine genannt) primitivster Art. In Odessa liegen diese Lagerhäuser äußerst ungünstig und weit von dem Hafen entfernt, haben indes meist Bahnanschluß. Die Besitzer sind zum Teil die Exporteure selbst, Getreidekommissionäre usw. Die Kapazität derselben beträgt etwa 100 000 Tonnen. Die Lagermiete variiert je nach Ernte resp. Nachfrage von 1/2 bis 1 1/2 Kopeke pro Tschetvert und Monat. Indes wird nicht die wirklich eingelagerte Quantität berechnet, sondern ganze Abteilungsräume. Der eine vorhandene Regierungs-Elevator faßt 180 000 Tschetvert. Die Benutzung ist nicht beliebt.

Die Kaufmannschaft.

Es sind gegenwärtig etwa 40 Firmen am Getreideexport beteiligt, unter diesen nur einzelne ausländische. Die übrigen sind solche jüdischer russischer Händler. Eine einzige handelstechnische Ausnahme ist zu verzeichnen. Es ist dies eine deutsche, größere rheinische Mühle, welche direkt in Odessa kauft. Dieser Fall ist der ganzen Lage des russischen Handels nach als rationell zu bezeichnen; wenn im großen Durchschnitt mit Umgehung der eigentlichen Exporteure auch nicht billiger gekauft wird, so werden doch manche Widerwärtigkeiten vermieden. Der Bedarf dieser Mühle ist 60 bis 70 000 Tons im Jahre, und auf solch großer Basis ist der direkte Einkauf möglich und lohnend.

Das Gesamtbild der gegenwärtigen Kaufmannschaft ist ein sehr unbefriedigendes. Es ist kaum zu behaupten, daß ein Viertel dieser Händler auf der Höhe der kaufmännischen Bildung steht, die erwünschten moralischen Qualitäten hat und über genügendes Kapital verfügt. Voraussetzungen, welche zu einer ordentlichen, sachgemäßen Abwickelung der Exportgeschäfte erforderlich sind. Die alten großen und leistungsfähigen Firmen haben sich immer mehr zurückgezogen, weil der ganze Handel ein anderes Gepräge bekommen hat, sehr spekulativ und wenig lohnend geworden ist, und sich dieselben in der

Gesellschaft, welche sich als Exporteure bezeichnen, nicht mehr wohl fühlen.

Durch die Entwickelung des Agenturgeschäftes wurde es vielen der kleinen Händler möglich, sich am Export zu beteiligen, indem die Cifagenten aus Eigeninteresse ihnen eine gewisse Routine beibrachten, die Kalkulationen anfänglich ausführten und bis in die kleinsten Einzelheiten bei der Ausführung der Geschäfte behülflich waren, so daß diese Kategorie von Exporteuren bezüglich des ausländischen Verkehrs eigentlich nichts anderes zu tun hatte, als ihre Offerten den Agenten zur Bearbeitung zu übergeben. Durch die Agenten ist diese Demokratisierung des Handels gezüchtet, und durch die Ausbildung des Kreditwesens mit seinen zweischneidigen Folgen ist sie ermöglicht. Es kann heute jeder kleine Händler mit wenigen Kopeken pro Pud Angeld Ware kaufen und sofort nachher durch Lombardierung derselben bei Bankiers fast bis zum vollen Werte der Ware Kredit erhalten, womit er sie dann ganz bezahlt. Nach Einladung in den Dampfer gehen die Verladungsdokumente für den ausländischen Käufer direkt wieder in die Hände des Kreditgebers über, welcher das Inkasso vom Auslande übernimmt. Hier liegt die Ursache, warum es Leuten mit minimalem Handelskapital möglich ist, große Umsätze zu erzielen, die in ungeheurem Mißverhältnis zu ihren Mitteln stehen und bei ungünstigen Konjunkturen zum sofortigen Zusammenbruch führen müssen. Es entstehen und vergehen Exporteure dieser Art wie die Eintagsfliegen; sie sind es, die den Markt diskreditieren und durch ihre Konkurrenz mit minimalsten Gewinnen den legalen Handel schädigen, ja oft unmöglich machen. Es sind volle Dampferladungen verkauft, die nicht 100 Rubel Gewinn gelassen haben.

Die Börse.

Es hat sich seit alters her ein sogenanntes Börsenkomitee aus der Mitte der Kaufmannschaft gebildet, welches die allgemeinen Interessen des Handels wahrnehmen sollte, was indes in sehr laxer Weise geschah. Eine eigentliche Börse existierte nicht. Auf Initiative der Regierung schritt man zur Gründung einer solchen, und nach Erbauung eines Börsenpalastes sind in derselben im August 1903 die Geschäfte eröffnet. Sie ist gleichzeitig für die örtliche und zeitliche Konzentrierung des gesamten Odessaer Handels bestimmt, der Getreidehandel nimmt naturgemäß die dominierende Stellung ein. Neben der angestrebten Ausbildung des regelrechten Börsenverkehrs hat die Börse sogleich Maßregeln zur Sanierung des Getreidehandels ausgearbeitet, die man zu verwirklichen sucht. Dieselben betreffen in erster Linie den Platzhandel in Getreide zwischen Lieferanten und Exporteuren. Es war bislang üblich, ohne strikte Garantie bezüglich der Qualität tel quel zu verkaufen. Der Lagerort der zu verkaufenden Partie wurde dem Käufer bezeichnet, und dieser schickte seine Leute, welche eine Probe zogen. Mittelst eines an Stangen befestigten stechheberartigen Apparats wurde die Partie an verschiedenen Stellen visitiert und ging, im Lager des Verkäufers verbleibend, in den Besitz des Käufers über. Letzterer war, abgesehen davon, daß diese Art der Probenziehung nicht immer genau ausfiel, den größten Willkürlichkeiten ausgesetzt und nie sicher, in welcher Beschaffenheit er später die Ware zur Verladung angedient bekam. Die neuen börsenmäßigen Kontrakte stipulieren exakte Garantien, wie sie auch vom Auslande verlangt werden. Diese eigentlich selbstverständlichen Bedingungen werden hartnäckig verweigert. Die Platzhändler führen die Unsolidität des Zwischenhandels, unter der sie selbst leiden, als Entschuldigung an, und im wesentlichen ist der alte status quo geblieben. Eine weitere Reformbestrebung ist der Versuch einer Typisierung der Getreidearten. Eine vom Börsenkomitee ressortierende Kontrollkommission ist mit der Befugnis ausgestattet, im Hafen von jeder zu verladenden Partie Proben zu entnehmen, um hiernach Typen zusammenzustellen. Für Weizen wird der großen Verschiedenartigkeit des Anbaus wegen wohl kein Resultat erzielt werden. Bei den anderen Getreidearten kann dieser Fortschritt vielleicht erreicht werden, und damit wäre die Basis der Fungibilisierung für den börsenmäßigen Handel im modernen Sinne erreicht. Zur Deckung der Kosten dieser neuen Funktion der Börse erhebt die Regierung gleichzeitig mit der halben Kopeke pro Pud Ausfuhrabgabe $^1/_{80}$ Kopeke pro Pud Börsenabgabe. Man beabsichtigt auch, durch diese Verladekontrolle einen moralischen Einfluß auf die Ablader auszuüben und ihr Gewissen für gute Abladung zu schärfen. In Nikolaieff veröffentlicht man sogar in den Lokalzeitungen jeden einzelnen Fall einer schlechten Abladung.

Den großen Unzuträglichkeiten in handelstechnischer Beziehung, unter denen Rußland z. B. den Vereinigten Staaten gegenüber durch Fehlen der Typisierung leidet, stehen andererseits Vorteile gegenüber. Der mannigfaltige Anbau der Sorten ist gerade geeignet, die individuellen Ansprüche beispielsweise der deutschen Müllerei oft besser zu befriedigen, als die wenigen Typen Amerikas, die zudem auch keineswegs immer zur Zufriedenheit der Müller klassifiziert sind, und wobei sich die Käufer oft dem Nachteil ausgesetzt sehen, die Ware annehmen zu müssen, wie sie gerade ausfällt, da das Qualitätszertifikat Amerikas bindend ist. Man kauft daher manchmal lieber von Rußland als von Amerika. Die wichtigere Bedingung ist doch immer für den Müller, ein backfähiges Mehl herstellen zu können; es kann die höhere handelstechnische Entwickelung, wenn sie die Bedürfnisse des Konsums weniger gut befriedigt, sehr wohl dagegen in den Hintergrund treten.

Der Besuch seitens der Kaufleute an der Börse war bislang ein sehr schwacher; wie bei allen Neuerungen ist ein großer Teil der Beteiligten durchaus gegen die Abwickelung der Geschäfte im Börsenlokal, vor allem die Platzmakler, die ihre privilegierte Stellung zu verlieren fürchten. Indes ist nicht zu bezweifeln, daß sich nach und nach das Geschäft dort abwickeln wird. Streitigkeiten in Handels- und Schiffahrtssachen werden auf Anruf durch eine vom Börsenkomitee bestellte Arbitragekommission geschlichtet.

Einstweilen ist der ganze Odessaer Getreidehandel Effektivgeschäft. Ob es so bald zur Ausbildung des Terminhandels und der spekulativen Preisbildung kommen wird, ist sehr fraglich. Es fehlt eben durchaus an der nötigen Kapitalbeteiligung, welche für das Effektivgeschäft schon mangelhaft genug ist. Die Preisbildung ist daher eine unvollkommene zu nennen. Es war in Deutschland ein verfehltes Mittel der Agrarier, durch das Terminhandelsverbot, das die Börse schwächte, die Preiskrise in den landwirtschaftlichen Produkten überwinden zu wollen. Es mag den Landwirten allerdings unbequem sein, daß an der Börse alle realen Faktoren an der Preisbildung mitwirken, indessen ist die Klügelei über den Nutzen oder Schaden der spekulativen Preisbildung gänzlich überflüssig. Wir haben es mit der Tatsache zu tun, daß sie existiert, und es handelt sich nur darum, ob man an ihr mitwirkt, um die realen Bedingungen besser zur Geltung zu bringen, oder von den jetzt führenden Börsen — New-York usw. — einen denselben nicht zukommenden Einfluß ausüben zu lassen. Wenn mit irgend einem Produkt, so stehen wir mit dem Getreide im Stadium der Weltmarktpreisbildung, und wenn irgend ein einzelnes Land glaubt, ausscheiden zu müssen, um eine mehr oder weniger passive Rolle zu spielen, so kann man dies nicht mehr als rationelle Wirtschaftspolitik bezeichnen. Rußland strebt nach dieser Teilnahme, Deutschland ist durch den plumpen Eingriff in seine Entwickelung der Börsenorganisation mehr oder weniger davon ausgeschlossen.

Odessas Exportstatistik

in Tschetvert à 10 Pud.

Jahr	Weizen	Roggen	Mais	Gerste	Hafer	Ölsaaten	Hirse	Bohnen	Erbsen	Total
1881	1 891 500	321 000	646 000	736 000	68 900	465 700	1 800	—	—	4 157 900
1882	2 891 000	485 800	835 300	768 400	106 000	285 300	41 300	38 600	42 100	5 493 800
1883	2 176 600	967 800	612 400	1 482 800	227 400	197 400	—	39 000	60 000	5 763 400
1884	2 701 200	1 093 400	1 101 400	1 040 500	216 100	164 300	8 600	22 000	17 600	6 365 100
1885	5 051 000	890 000	509 300	979 600	265 980	94 300	—	25 600	9 300	7 825 080
1886	2 110 000	921 500	1 485 000	1 250 000	132 000	214 000	4 014	26 000	16 600	6 157 114
1887	3 753 500	1 085 800	2 238 000	1 633 400	148 000	313 700	300	39 300	38 700	9 250 700
1888	6 285 600	1 480 800	1 104 500	2 197 700	353 700	327 500	700	31 400	61 600	11 843 500
1889	5 935 300	1 708 700	1 240 600	1 378 500	64 500	154 500	1 600	10 600	43 500	10 537 800
1890	4 883 400	1 088 200	838 300	1 442 400	90 300	474 200	2 500	7 200	18 600	8 745 100
1891	4 620 000	684 900	1 322 200	1 342 300	186 600	277 300	100	16 600	37 300	8 488 200
1892	904 100	125 900	862 400	1 077 100	3 100	42 200	—	5 700	14 700	3 038 200
1893	3 168 400	1 042 700	555 200	3 895 600	467 500	192 200	6 800	10 000	30 200	9 377 600
1894	4 735 600	2 941 000	3 514 700	3 643 900	311 000	118 400	9 000	29 800	63 100	15 366 500
1895	5 979 100	1 920 000	1 079 000	2 384 400	181 500	296 300	12 400	20 000	78 500	11 951 200
1896	5 476 400	1 194 800	395 400	1 612 200	78 300	225 100	300	24 000	85 200	9 091 700
1897	4 493 400	1 193 400	707 200	2 654 600	33 700	268 300	600	78 500	69 000	9 498 700
1898	3 720 200	727 000	1 601 700	3 033 200	65 700	146 500	800	87 600	52 000	9 434 700
1899	2 547 500	539 900	1 407 300	1 427 000	46 700	218 400	2 300	181 400	—	6 370 500
1900	2 195 900	803 300	620 100	894 400	49 900	117 900	—	30 900	46 600	4 759 000
1901	2 760 500	1 337 500	1 358 000	1 941 700	31 200	21 000	—	47 200	21 200	7 518 300
1902	4 453 700	2 056 200	4 009 900	1 829 600	136 400	69 500	—	99 400	37 600	12 692 300
1903	6 946 400	2 090 400	1 778 300	3 163 500	114 200	112 500	—	95 400	77 300	14 378 300

Nikolaieff

ist nächst Odessa der bedeutendste Exportplatz. Es hat den natürlichen Standort eines Handelsplatzes, indem es am Flusse Bug, einige Stunden Dampferfahrt vom offenen Meere entfernt, gelegen ist. Der große Nachteil, den es Odessa gegenüber lange Zeit zu tragen hatte, bestand erstens in der Mangelhaftigkeit seines Handelshafens, welcher erst seit 1894 sich in einem entsprechend ausgebauten Zustande befindet, zweitens in der Untiefe der bis zum Meere führenden Wasserstraße. Tiefer gehende Dampfer mußten früher einen Teil der Ladung mit besonderen Unkosten auf der Reede von Otschakoff aus Bargen umladen, und infolgedessen war die Seefrachtrate durchschnittlich 1 Schilling höher als die von Odessa.

Die Regierung hat nach und nach den Kanal verbessert. Seit September 1902 hat er eine Tiefe von 25 Fuß, sodaß 6000 Tons ladende Dampfer jetzt ohne Schwierigkeiten volle Ladung im Hafen selbst einnehmen, während vor 5—6 Jahren 3000 Tons-Boote den Durchschnitt bildeten. Eine noch weitere Vertiefung ist beabsichtigt, woraus hervorgeht, daß der bisherige Kostenaufwand nicht lediglich dem Handel zu Liebe geschah, vielmehr die strategische Absicht verfolgt wird, Nikolaieff den russischen Kriegsschiffen zugänglich zu machen.

Seit 1902 hat die Regierung ferner zwei große Eisbrecher in Dienst gestellt, sodaß Nikolaieff praktisch selbst während der stärksten Kälte als eisfreier Hafen anzusehen ist. Elevatoren und Silospeicher existieren am Hafen seit 1892. —

Das Produktionsgebiet für den Nikolaieff-Export ist räumlich größer als das von Odessa, doch ist in letzterem die Landwirtschaft intensiver. Man kann für Nikolaieff etwa Kursk, Jekaterinoslaw und Alexandrowsk als Grenzplätze bezeichnen. Die größere Bedeutung für den Export begann mit der Erschließung des Innern durch Vollendung verschiedener Bahnstrecken in den siebziger Jahren, als: Charkoff—Nikolaieff, Fastow—Snamenka—Kiew, Snamenka—Elisabethgrad und deren Abzweigungen, Dolinskaja—Jekaterinoslaw und die 1901 vollendete Strecke Poltawa—Kiew. Für den Flußtransport kommen der von Wosnessensk ab schiffbare Bug und in Konkurrenz mit Odessa der Dnjepr in Betracht. Die Platzzufuhren per Wagen sind verhältnismäßig sehr bedeutend.

Bezüglich des Einkaufes ist von Nikolaieff nichts von Odessa wesentlich Abweichendes zu berichten. Es existiert noch keine Börse wie in Odessa, hingegen ein aus der Kaufmannschaft gewähltes sog. Börsenkomitee, welches sehr rührig ist und auch die erste Initiative zu den auch in Odessa zur Ausführung gelangenden Sanierungsbestrebungen des Getreideexportes gegeben hat. Die nachstehende Ausfuhrstatistik war bis zum Jahre 1862 zurück auffindbar und gibt ein umfassendes Bild der quantitativen Entwickelung des Getreideexportes dieses Platzes.

Nikolaieffs Ausfuhr in Pud.

Jahr	Pud	Jahr	Pud
1862	194 460	1883	17 418 180
1863	298 260	1884	19 850 540
1864	2 481 970	1885	18 372 050
1865	7 744 190	1886	15 790 260
1866	6 239 250	1887	35 062 590
1867	10 138 730	1888	49 247 690
1868	5 375 860	1889	35 365 280
1869	3 626 630	1890	38 511 380
1870	6 038 020	1891	32 631 330
1871	9 001 210	1892	17 273 960
1872	9 945 460	1893	49 075 110
1873	6 218 020	1894	87 729 210
1874	12 525 050	1895	76 292 224
1875	9 424 820	1896	69 378 633
1876	12 629 880	1897	73 873 254
1877	6 107 440	1898	58 988 733
1878	34 416 260	1899	31 601 858
1879	33 357 950	1900	28 935 455
1880	18 383 750	1901	54 422 405
1881	19 381 640	1902	83 068 863
1882	15 730 830	1903	107 933 074

Cherson.

Ein für den Export in der Ausbildung begriffener Hafen ist Cherson am Dnjepr, die Hauptstadt des gleichnamigen Gouvernements. Der größte Teil der Dnjepr-Transporte könnte von hier direkt an den Weltmarkt gehen und würde dann für Odessa und Nikolaieff in Wegfall kommen. Voraussetzung wäre, daß der Fluß Dnjepr und der Hafen von Cherson vertieft würden, ein Projekt, welches der Ausführung entgegengeht. Die vereinzelten Dampfer, welche schon jetzt dort Ladung einnehmen, können nur bis zu einem Tiefgang von 16—17 Fuß belastet werden; zu dem beträgt die Frachtrate bislang 1 Sch. mehr als die Schwarzmeer-Rate.

Gesamtexport 1902 ca. 17—20 000 Tons,
1903 „ 25 000 Tons.

Die Krim.

Die Krim bildet einen Teil des Taurischen Gouvernements und ist ein in jeder Beziehung fruchtbares Terrain. Der zum Teil gebirgige Süden ist der Obstgarten Rußlands (Weinbau) und gleichzeitig das landschaftlich schönste Gebiet, welches Rußland besitzt. An der Südküste befinden sich eine Reihe kaiserlicher Besitzungen und moderne Seebäder. Getreidebau ist im Zentrum und in nördlichen Teilen anzutreffen. Die Bewohner und Getreideproduzenten der Krim sind Russen, Karaimen und Tataren, letztere wandern mehr und mehr ab, ferner deutsche Kolonisten, besonders im nördlichen Teil des Gouvernements. Die Getreideproduktion der Krim besteht aus sehr hochwertigen Qualitäten, besonders feine Azimaweizen wachsen dort, die zumeist von Italien zur Maccaronifabrikation und der Schweiz bezogen werden. An zweiter Stelle steht Gerste, dann Hafer; Roggen wird fast nicht gebaut. Die besten Wirtschaften sind auch hier die der deutschen Kolonisten, die der Tataren die minderwertigsten. Der bedeutendste Ausfuhrhafen war bis zum Jahre 1897 das als Schauplatz des Krimkrieges bekannte Sevastopol, von wo eine direkte Eisenbahnverbindung über Moskau nach Petersburg geht. 1889 wurde dieser Platz als Handelshafen geschlossen, und jetzt wird er ausschließlich zum Kriegshafen für die Schwarzmeerflotte verwandt; seither ist Theodosia der größte Hafen für den Getreideexport von der Krim geworden. 1894 wurde eine Bahnabzweigung von der Station Djankoi der Kursk—Charkow—Sevastopolbahn bis Theodosia vollendet und dadurch seit Schließung Sevastopols der ganze Export aus dem Charkower, Jekaterinoslawschen und nördlichen Teile des Taurischen Gouvernements nach dort gelenkt. Direkt mit dem Auslande verkehrende Exporteure sind hier nicht ansässig, es sind von Odessa und Rostow geleitete Filialen. Das Bezugsgebiet ist das oben genannte, die Haupteinkaufsplätze an der Eisenbahnlinie sind Melitopol, Alexandrowsk, Losowaja und Jekaterinoslaw. Die Exporteure haben meist ihren eigenen Aufkäufer, auch gibt es Spekulanten, welche von der Linie franko Theodosia verkaufen. Die nächste Umgebung der Krim selbst bringt ihr Getreide per Wagen an den Bazar. Die Platzverkäufer sind zum größten Teile wohlhabende Karaimen, die teilweise eigenes Getreide von ihren Gütern verkaufen. Da sie kapitalkräftig und spekulativ veranlagt, kommt es zu relativ großer Depotbildung in deren eigenen Magazinen. Die mit der Eisenbahn ankommende Ware geht, soweit sie nicht zur direkten Verladung bestimmt ist, in die am Hafen befindlichen Speicher. Der Hafen von Theodosia ist das ganze Jahr offen. Bei guter Ernte beläuft sich der Export auf 1/2 Millionen Tschetvert.

Theodosia Exportstatistik.

Der Gesamtexport in allen Getreidearten betrug in Tschetvert à 10 Puds:

1898	1 545 624	1900	926 781
1899	1 007 724	1901	708 814

	Weizen	Gerste	Hafer	Roggen	Leinsaat	Mais
1902	964 586	439 115	23 037	235 592	25 063	6 000

Eupatoria kommt an zweiter Stelle in Betracht. Es ist ein kleiner Platz ohne Hafen. Geladen werden die Dampfer auf der Reede, wohin das Getreide in Säcken in kleinen Segelschiffen (Lodken), die etwa 100 Säcke fassen, geführt und in den Dampfer geschüttet wird. Die häufigen Stürme ziehen die Ladung oft in die Länge. Irgendwelche Bahnverbindungen mit dem Hinterlande sind hier nicht vorhanden; der Exporthandel ist gänzlich auf die Wagenzufuhren angewiesen, welche bei schlechtem Wetter wegen der Mangelhaftigkeit der Wege gänzlich aufhören. Das angebrachte Getreide wird auf den Bazar geführt, woselbst es von den Platzaufkäufern, meist Karaimen wie in Theodosia, angekauft und in die dort befindlichen Magazine eingelagert wird. Die ganzen Verhältnisse sind außerordentlich primitive; Eupatoria verdankt seine Existenz als Exportplatz lediglich dem Unternehmungsgeiste ausländischer Kaufleute, welche seiner Zeit die Ladevorrichtungen für eigene Rechnung herstellen ließen.

Exportstatistik in Tschetvert zu 10 Pud:

	Weizen	Gerste	Hafer	Leinsaat	zusammen
1900	434,268	32,545	1,000	—	467,813
1901	304,690	61,271	33,275	34,90	405,483
1902	380,819	112,752	10,145	22,25	505,941

Akmetsched ist ein weiterer kleiner Platz an der Küste der Krim, von wo Getreide geladen wird. Es liegt für einen beschränkten Zufuhrrayon günstig, ist indes von geringer Bedeutung. Seine Ausfuhr kommt in der Exportstatistik von Eupatoria zum Ausdruck.

Skadowsk und Chorli verdanken ihre Entstehung privater Initiative. Im nördlichen Taurien sind in den letzten Jahren zwei große bekannte Gutsbesitzer in wohlverstandenem Interesse dem Handel entgegengekommen und haben für die Produktion ihrer Besitzungen in der Djarilgatzky-Bai jeder einen Abladeplatz und die entsprechenden Ladevorrichtungen eingerichtet. Die Produzenten waren vorher gezwungen, ihr Getreide an das viel entferntere Kachoffka am Dnjepr zu transportieren. Sie ersparen jetzt durchschnittlich 8—10 Kopeken an Transportkosten, und infolgedessen sind bedeutend größere Areale im Hinterlande anbaufähig geworden. Es ist durch außergewöhnlich energische Bemühungen dieser Herren Pfalzfein und Skadowsk zu neuen Städtebildungen gekommen; die entstandenen Plätze heißen Skadowsk und Chorli. Beide Plätze sind unter die Häfen des Schwarzmeeres in die englische Charter-Party aufgenommen.

Der Seetransport

England, die erste Transportfirma der Welt, hat entsprechend seiner die übrigen Nationen weitaus überragenden großen Handelsflotte auch an dem Getreidetransport von Rußland den größten Anteil behalten. Fast alle im heutigen Schiffahrtsverkehr gebräuchlichen Normen hat England entwickelt. Die Versorgung des Schwarzmeerhandels mit Schiffsräumen haben 6 in Odessa domizilierte Schiffsmaklerfirmen in Händen, mit einer Ausnahme Engländer. Die übrigen Schwarzmeerplätze haben nur Agenturen dieser Zentralgeschäfte. Diese Makler vertreten zum Teil feste Linien, d. h. Schiffsreeder, die ihre Schiffe vorzugsweise für den russischen Getreidetransport verwenden wollen und nach Bedarf dieselben in die russischen Häfen zur Befrachtung schicken. Bei diesen Schiffen laufen die Odessaer Makler kein Risiko und begnügen sich mit der Provision von der Fracht auf die für diese Dampfer besorgte Ladung und der üblichen Kommission für Erledigung der Schiffsgeschäfte, welche für jede Reise 5—8 £ beträgt. Indes fällt auf dies Geschäft nicht mehr, als etwa 25 % des ausgehenden Getreides. Der übrige größere Teil wird von Schiffen transportiert, die die Makler für ihre eigene Rechnung im offenen Markt, meist in London, wo sie einen Kooperateur haben, chartern. Die ausländischen Getreideexporteure, welche ihre Zentrale nicht in Rußland haben, unterhalten auch direkte Beziehungen zu Schiffsreedern und besorgen sich ihre Schiffe, wenn sie ganze Dampfer benötigen, auch ohne Vermittlung von Maklern. Die Basis für Charters bildet die „1890 Black Sea Charter-Party“, welche in der Anlage Nr. 2 im Wortlaut gegeben ist. Bezüglich der Fixierung der Bestimmungshäfen gibt es eine Reihe von Kombinationen. Weiß der Charterer zur Zeit des Abschlusses noch nicht, für welchen Hafen er das Boot anlegen will, so stipuliert er mehrere Häfen, etwa London, Hull, Antwerpen, Rotterdam (für jeden dieser Häfen ist die Frachtrate die gleiche), oder er fügt auch noch Option Hamburg hinzu und muß, falls er diesen Hafen wählt, 6 Pence höhere Rate zahlen. Will er zu dieser Kombination noch über die Weserhäfen: Bremen, Geestemünde, Nordenhamm, Brake, Bremerhafen, auch Emden verfügen können, so ist eine Extrarate von 3 Pence Bedingung. Eine weitere Form der Charterung ist die sog. „Open-Charter, Gibraltar for Orders". Unter dieser Bedingung hat der Charterer bei einer festen Grundrate die Auswahl, den Dampfer nach irgend einem Hafen am Kontinent zwischen Le Havre und Hamburg, für letzteren Hafen indes mit einer Erhöhung der Frachtrate um 9 Pence oder nach einem der gebräuchlichen englischen Häfen zu dirigieren. Die endgültige Bestimmung über den Löschhafen gibt er erst in Gibraltar, wo der Dampfer zur Empfangnahme dieser Order anlaufen muß. Die Voraussetzung für die letztgenannte Charter ist entweder, daß der Verlader die Bestimmung des Getreides geheimhalten will, oder es sei, daß die Ladung zur Zeit des Abganges noch unverkauft ist.

Der Transport nach den Häfen des Mittelmeeres wird meist von österreichischen, italienischen und griechischen Schiffen besorgt. Die Haupthäfen sind in Italien Genua und Neapel, in Frankreich Marseille. Entsprechend den Anforderungen des Exportgeschäftes gibt es zwei Hauptcharterformen für die Beladungsarten: 1. Die full cargo boats, d. h. solche, die für einen Ablader bestimmt sind und von diesem allein geladen werden: bei diesem ist die Ladung regelmäßig schon verfügbar. 2. Die Dapfer „on berth terms", d. h. diejenigen, welche der betreffende Schiffsmakler für eigene Rechnung chartert, die Ware am ganzen Markt in Partien zusammensucht und Raum in Quantitäten bis zu 50 Tons herab abgibt. Hierbei treten für die Beladung die Bestimmungen des § 6 des Chamber of Shipping „Black Sea Berth Contract 1901" in Kraft. (Wortlaut siehe Anlage Nr. 3.) Die unter Nr. 7 der Black Sea Charter Party von 1890 vorgesehene Bestimmung gibt dem Verlader das Recht, falls der Dampfer bis zu einem bestimmten Datum nicht im Ladehafen angekommen (cancelling date), den Vertrag zu annullieren. Die Bedingungen, unter denen die Dampfer den Verladern gegenüber die Ware befördern, sind niedergelegt in der „Black Sea Bill of Lading" von 1902 (siehe Anlage Nr. 4). Dieselbe wird von Reedern verlangt nach allen Häfen Englands, Hamburg und Skadinavien. Sie enthält etwas schärfere Bestimmungen über eine schnellere Abnahme der Ware vom Dampfer in den Bestimmungshäfen als die sonst gleiche Form von 1890, welche für Antwerpen und Rotterdam noch beibehalten ist. Die Frachtrate versteht sich per Unit, d. h. bei Weizen für je 1015 kg. Um die Raum- und Gewichtsverhältnisse der übrigen Getreidearten auf dieser Weizenbasis auszugleichen, ist die auf der Black Sea Charter Party angeführte Scale of Units festgestellt, in welcher Gewicht- und Raumverdrängung in das richtige Verhältnis gebracht werden. Diese Normierung ist indes nicht mehr vollkommen richtig. Es hat dies nur ein technisches Interesse, wäre aber für die Schiffsreeder einer Untersuchung und Klarstellung wert. Die Tendenz in der Bauart der Schiffe ist, daß die Dampfer von immer größerem Rauminhalt gebaut werden. Gegen die frühere Durchschnittsgröße von 3000 bis 4000 Tons ist jetzt 6000 Tons die übliche, ja 7000 bis 9000 Tons große Dampfer findet man im Getreidetransport. Nach Empfang der Ware an Bord wird für jede Partie vom Kapitän des Dampfers eine Bill of Lading (Konnossement) in dreifacher Ausführung gezeichnet und durch den betreffenden Schiffsmakler dem Verlader zugestellt. Die Fahrt vom Schwarzen Meer bis England oder nach den Kontinenthäfen dauert 18 bis 24 Tage. Eine große Kalamität bildet die Kleinheit des Hafens von Odessa. Seit Jahrzehnten genügt derselbe dem Verkehr nicht mehr. Es sind gleichzeitig nur 12 bis 13 Dampfer an die Werft zum Laden zu bringen, während die übrigen Schiffe am sog. Breakwater auf Platz warten müssen, ein nach jeder Richtung schädlicher Zustand. So zeigt z. B. der Situationsplan vom 15. September 1903 außer den ladenden Schiffen 17, welche auf Platz warten, oft bis zu 20 Tage. Schiffsreeder, die diese Verhältnisse kennen, bedingen sich im voraus kürzere Fristen (Laydays) oder fordern 1 Sch. Fracht mehr. Die Schiffsmakler werden gedrängt um schnellere Expedierung, anderseits gibt denselben diese lange Wartezeit am Breakwater auf Kosten der Reeder eine nicht ganz unerwünschte Gelegenheit, mit dem Raum am Odessaer Markt zu spekulieren. Rußland hätte schon im Interesse der Landwirtschaft die Pflicht, einen entsprechenderen Hafen zu bauen, was, wenn es sich um strategische Interessen handelte, wofür die unerhörtesten Opfer gebracht werden, schon geschehen wäre.

Verkehr mit dem Weltmarkt.

Das Absatzgebiet sind die Getreide einführenden Länder: England an erster Stelle, dann Deutschland, Skandinavien, Holland, Belgien, Italien, Frankreich, Spanien. Der weitaus größte Teil des

Exportgeschäftes zwischen Exporteur und Importeur wird vermittelt durch Agenten. Die Regel ist, daß ein Exportagent (Cif-Agent) im Ausfuhrhafen zusammen arbeitet mit einem Importagenten am Einfuhrplatz, welche sich gegenseitig das zusammengefaßte Angebot und die Nachfrage telegraphisch unter Benutzung des Codes übermitteln und so zu Geschäftsabschlüssen gelangen. Unter der drückenden Konkurrenz ist schon die Tendenz vorhanden, daß einer dieser beiden Agenten ausgeschaltet wird, und entweder nur ein Export- oder ein Importagent benutzt wird. Ganz ohne Agentenvermittlung wird höchst selten gehandelt aus handelstechnischen Gründen. Es ist hier einzuschalten, daß die großen ausländischen Firmen, welche ihren Zentralsitz im Auslande haben, hier ausscheiden. Deren Verkäufe werden von den betreffenden Hauptbureaus aus vollzogen, dort wickeln sich auch alle übrigen Transaktionen ab. Die russischen Filialen fungieren hier nur als Aufkäufer und ausführende Organe der Verladungsorder. Nach Verladung der Ware übergibt der Exporteur die Konnossemente mit der provisorischen Faktura seinem Bankier, welcher das Inkasso im Auslande besorgt. Die Zahlungsbedingungen sind entweder 90 Tage Akzept oder Kassa abzüglich Reichsbankdiskont. Die Auslieferung dieser Verladungsdokumente erfolgt Zug um Zug. Nach der Ankunft der Ware im Exporthafen wird dieselbe nochmals gewogen unter Aufsicht eines Vertreters des Exporteurs, des sog. Surveyor. Es ist dies eine besondere Berufsgruppe. Die Surveyors stellen gleichzeitig und gemeinsam mit dem Empfänger die Qualität und das Naturalgewicht fest, ziehen die Proben und versiegeln dieselben. Diese bilden die Basis für Entschädigungen bei einer eventuellen Bemängelung der Ware seitens des Käufers. Das Überwachungswesen wird oft an einigen Hafenplätzen im stark einseitigen Interesse der Verlader wahrgenommen, so daß es geradezu zu Unredlichkeiten gekommen ist. Rotterdam ist in dieser Beziehung beispielsweise verrufen. Dort fungieren Überwacher, welche es in ihrer Geschicklichkeit im russischen Interesse so weit gebracht haben, daß ihre Tätigkeit von sachkundigen deutschen Kaufleuten direkt beim Abschluß des Kaufes ausgeschlossen wird; desto geschätzter sind sie bei einem Teil der russischen Exporteure. Der legale russische Handel hat diesen Mißstand rückhaltlos zugegeben. Nach dem Wiegen am Empfangsplatz wird dann entsprechend dem wirklich ausgeladenen Gewicht die entgültige Faktura aufgestellt, und die Differenzen in der sog. Finalnote geregelt. Wird jetzt keine Arbitrage angemeldet, so ist das Geschäft damit erledigt. Die Unsolidität des russischen

Zwischenhandels hat sich bei einem Teil der Exporteure auf den internationalen Handel übertragen, sowohl von Odessa als auch von Nikolaieff. Daß es diesen Händlern immer wieder gelingt, Geschäfte zu machen, ist auf das gewissenlose Arbeiten russischer Getreideagenten zurückzuführen, denen übrigens zum Teil gleichgeartete Elemente im deutschen Agenturgeschäft gegenüberstehen. Man sieht einfach bei Abschlüssen gar nicht auf die Qualität der Ablader, und wenn die Offerte nur 1/4 Mk. billiger ist, so wird sie vom Agenten untergebracht, um die Profitsucht zu befriedigen. Eine der verwerflichsten Praktiken ist oft das Majorieren der Konnossemente über die wirklich verladene Quantität der Ware hinaus. In Nikolaieff hat sich vor nicht langer Zeit ein Fall zugetragen, daß ein Verlader bei einer Abladung in einem Dampfer, welche für mehrere Empfänger bestimmt war, die Konnossementquantitäten so stark majorierte, daß der letzte Empfänger auf sein Teil kein Korn Getreide im Dampfer mehr vorfand. Hier griff allerdings die russische Staatsanwaltschaft ein. Der Gerichtshof verhängte für diesen offenkundigen Betrug eine mehrjährige Gefängnisstrafe. Bei dieser Praktik berechnet sich der Exporteur seine provisorische Faktura nach der erhöhten, zum Teil also fiktiven Ladung, entnimmt den ganzen Betrag vom Empfänger, welch' letzterer schon bei Empfangnahme der Dokumente zahlen muß. Kommt es nun auch wirklich zur Regulierung von Differenzen, so hat der Verlader doch das Geld des Empfängers zinslos benutzt, oder aber, wenn er ein ausgemachter Schwindler ist, bezahlt er es gar nicht zurück. Möglich ist dies nur, weil der Kapitän des Dampfers keine genaue Kontrolle über die Einladung des einzelnen Verladers hat und auch die Konnossemente diesbezüglich unverantwortlich zeichnet.

Was die speziellen Konditionen für den Export von Rußland betrifft, so ist England, als der zeitlich erste und größte Getreidekonsument, führend in der Entwickelung der Formen und Bedingungen, unter denen der internationale Getreidehandel abgewickelt wird. Der Niederschlag dieser Entwickelung bis zur Gegenwart ist formuliert in den Kontraktformen der „London Corn Trade Association“, welche die Normen für den Getreidehandel mit allen am Weltmarkt beteiligten Ländern enthalten, und von denen die für Südrußland den Titel „Black Sea and Danubian Graincontracts“ führen. Die von den übrigen Ländern eingeführten Normen sind mehr oder weniger Anlehnungen an diese englischen Kontrakte. Der in der Anlage Nr. 5 im Wortlaut gegebene Kontrakt Nr. 43 dieser

Kollektion ist die **Hauptform** und zwar die der Rye-Terms. Derselbe enthält alle wesentlichen Bestimmungen für den Handel Englands mit dem Schwarzen Meer. Man unterscheidet bei diesen Rye-Terms-Kontrakt für

1. Cargoes for Shipment: } Die ganze oder Teilladung ist zur Zeit
   Parcels „ „ } des Abschlusses noch nicht verladen.

   Cargoes on Passage: } Die Ladung ist schon unterwegs.
   Parcels „ „ }

2. Hauptform: Tale Quale. Unter dieser Bedingung ist die Ladung vom Verkäufer zu akzeptieren, in welcher Konditon sie immer ankommt.
3. Hauptform: Sea Damaged For Sellers Account. In dem Falle geht eventueller Seeschaden für Verkäufers Rechnung.

Die weitaus gebräuchlichste Kontraktform ist die der Rye Terms. Bezüglich der Qualitätsgarantien — welche äußerst wichtig — ist zu diesem London-Kontrakt hervorzuheben, daß die Engländer stipulieren bei

Weizen: about as per sample — ungefähr laut Muster — und Besatzgarantie.

Roggen: Meist ohne Muster, dagegen fair average quality mit Garantie eines vereinbarten Naturalgewichtes.

Gerste: Ebenfalls auf Basis eines Naturalgewichtes und Besatzgarantie.

Eine weitere wesentliche Bestimmung ist bei allen diesen Kontrakten die Unterwerfung unter die Londoner Arbitrage. Hull hat einen eigenen Kontrakt mit einer abweichenden Klausel bezüglich der Qualität „sound delivered“. Diese wird bei Maiskäufen oft in Anwendung gebracht und gibt dem Empfänger das Recht, bei schlechter (feuchter) Beschaffenheit vom ganzen Geschäft zurückzutreten und die Ware dem Verlader zur Verfügung zu stellen, während ohne diese Klausel der Verkäufer nur Qualitätsunterschiede zu vergüten hat, der Käufer die Ware aber auf alle Fälle annehmen muß. Auch hat Hull ein eigenes Arbitragegericht.

Der Handel Deutschlands mit Rußland krankt noch immer an der fehlenden Einheitlichkeit der Kontraktinhalte für ganz Deutschland. Auf der sichersten Basis steht der Norden Deutschlands. Hamburg, Bremen, Nordenhamm und Emden kaufen nur nach englischem Kontrakt, genießen somit die sehr wichtigen Qualitätsgarantien und rufen bei Streitigkeiten die Londoner Arbitrage an, welche als verhältnismäßig fair bezeichnet wird, indem die Arbiter dieser Schiedsgerichte relativ am unabhängigsten sind. Ganz andere aber und außerordentlich unsichere Verhältnisse herrschen für den ungeheuer großen deutschen Import über Rotterdam, woran die deutschen Importeure durch ihr wenig energisches Vorgehen Rußland gegenüber selbst Schuld sind: die jetzigen Kontraktformen sind lückenhaft und ungünstig. Die deutschen Importeure sollten unbedingt auf denselben Bedingungen wie England bezüglich der Qualität bestehen, also:

1. Weizen nach Muster kaufen;
2. bei den übrigen Getreidearten, besonders Gerste, Naturalgewicht und Besatzgarantie fordern;
3. endlich die Schiedsgerichtsfrage besser regeln, wobei sie zweifelsohne in dem legalen Handel Rußlands Unterstützung finden werden. Nach den vielen schlechten Erfahrungen ist man in das Stadium der Verhandlungen eingetreten, um einen einheitlichen, den ganzen deutschen Import von Rußland regulierenden Kontrakt durchzudrücken. Der in der Anlage Nr. 6 gegebene „deutsche Getreidevertrag" ist ein endlich zustande gekommener Entwurf eines sachgemäßen Vertrages, welcher an die südrussischen Börsenkomitees zur Einführung resp. Gegenäußerung eingesandt und von seiten Rußlands mit einem Kontrakt beantwortet worden ist, der in der Übersetzung in Anlage Nr. 7 gegeben ist. Die Qualitätsgarantien sind nominell wenigstens zugestanden. Einige nicht sehr wesentliche Differenzen bestehen noch wegen Leichterkosten bei Entlöschung der Ware, nämlich, ob solche der Käufer oder Verkäufer übernehmen soll. Dann wegen der Havarie: Deutschland wünscht sie für Verkäufers Rechnung, Rußland für Käufers Rechnung. Der wichtigste noch strittige Punkt, welcher praktisch von eminenter Bedeutung, ist der über die Beilegung von sich ergebenden Streitigkeiten, besonders bei Qualitätsdifferenzen.

Die Schwerfälligkeit und Kostspieligkeit der ordentlichen Gerichte bei Streitigkeiten über Warenlieferungen hat längst die Kaufleute veranlaßt, ihre Differenzen untereinander durch Schiedsgericht aus Angehörigen der betreffenden Branche ihres Berufes beizulegen. Man nennt diese Einrichtung die *freundschaftliche Arbitrage*, die Teilnehmer an diesem Schiedsgericht die *Arbiter*. Die Schwierigkeit in dieser sehr rationellen Einrichtung besteht darin, die kompetenten und genügend unparteiischen Persönlichkeiten zu finden; denn erstens müssen dieselben wegen der Fachkenntnis aus der Zunft stammen, sollen aber anderseits die Garantie bieten, daß keine materiellen Interessen an der Entscheidung mitsprechen. Es gibt jetzt zwei Arten der Zusammensetzung der Arbitragegerichte.

1. Jede Partei wählt aus den ihr bekannten Kaufleuten einen Arbiter, welche einen dritten dazu wählen können und gemeinsam den Schiedsspruch fällen. Es ist dies die sogenannte freie Arbitrage (in London gebräuchlich).

2. Die Parteien wenden sich an die Börsen der betreffenden Importplätze, oder falls spezielle Fachgenossenschaften existieren, wie in Berlin der Verein der Getreide- und Produktenhändler, an diese, und die Vorstände dieser Organisation bestimmen die Zusammensetzung des Schiedsgerichts nach den feststehenden Satzungen, deren Hauptinhalt betreffs der Zusammensetzung ist, daß auf ein Jahr Vertrauensmänner gewählt werden, aus denen wiederum eine im voraus bestimmte Anzahl für je drei Monate des laufenden Jahres zur Vornahme der Arbitrage bestimmt wird. Diese letztere Einrichtung besteht schon lange in Antwerpen in der Chambre-Arbitrale und anderen Plätzen. Bei theoretischer Betrachtung dieser beiden Organisationsarten der Schiedsgerichte sollten dieselben gleichwertig erscheinen, was in praxi indes nicht der Fall ist. Die Praxis liegt so: Rußland wünscht die freien Arbiter und ernennt hierzu mit Vorliebe seine Surveyors in den Abladeplätzen. Diese Herren aber stehen im direkten Solde der russischen Verlader, da sie für Geschäftsleistungen im Überwachungswesen bezahlt werden und ja auch in der Tat hier die Interessen der Ablader wahrzunehmen haben; in welcher Weise dies oft geschieht, ist oben gesagt. Dieselben sind also für eine unparteiische Arbitrage zweifellos die ungeeignetsten Arbiter. Daß die Russen dennoch so hartnäckig darauf bestehen, diese ihre Kreaturen in das Schiedsgericht zu bekommen, offenbart ein Stück Völkerpsychologie: eine vollendete Verkennung des Wesens eines Schiedsgerichts. Sie wollen eben Interessenvertreter und keine Richter und können den Gedanken an die Möglichkeit eines materiell nach beiden Seiten hin uninterressierten, objektiven Schiedsgerichtes anscheinend nicht fassen. Es wurde sogar die Absicht ausgesprochen, Russen im Auslande für diese Funktion zu postieren. Jedenfalls bedarf diese augenblicklich für den deutschen Import speziell über Rotterdam unhaltbare Situation einer schleunigen Regelung, welche event. durch Selbsthülfe der vereinigten deutschen Getreidehändler zu erzwingen ist.

Die Kontraktformen Frankreichs und Italiens usw. sind im wesentlichen Anlehnungen an den Londoner Kontrakt und haben kein besonderes Interesse.

Cif-Kalkulation.

Roggen. Preis per Pud im Magazin Odessa		65,25 Kopeken,
Fob-Spesen[1] inkl. Courtage, Zoll, Mattengeld, Meßlohn .	ca.	2,50 „
		67,75 Kopeken.

Zum Kurse von 217 Mk. pro 100 Rubel	90,45	Mk. für eine Tonne,
Fracht nach Rotterdam	8,00	„
Provision an Cif-Agenten 3/4 %. . ca.	0,75	„
See-Assekuranz 3/4 %	0,75	„
Surveyor im Bestimmungshafen für Überwachung usw.	0,25	„
Preis Cif[2] Rotterdam	100,20	Mk.

Nach der Niederschrift dieses Artikels ist es inzwischen endlich zu Taten in der Regelung der internationalen Handelsbeziehungen gekommen, und ich kann noch einige Mitteilungen darüber hier einfügen. Russischerseits hat die Vereinigung der russ. Börsenkomitees in Petersburg die Angelegenheit in die Hand genommen und Delegierte zu Verhandlungen nach Deutschland gesandt. Der deutsche Getreidehandel hat sich durch die betreffenden Handelskammern und einige andere kaufmännische Korporationen an den deutschen Handelstag in Berlin gewandt; an Deutschland angeschlossen haben sich die niederländischen Getreidehändler, welche dieselben Interessen Rußland gegenüber geltend zu machen hatten.

Nach mühevollen und sorgfältigen Vorbereitungen trat in Berlin am 17. Mai 1904 beim Deutschen Handelstag unter der Leitung des Generalsekretärs desselben, Dr. Soetbeer, der erste internationale Getreidehandelskongreß zusammen und tagte bis zum 19. Mai inkl.

Erschienen waren: seitens des Ausfuhrhandels aus Rußland Vertreter von Petersburg, Reval, Riga, Libau, Odessa, Nicolaieff, Rostow a. Don und Taganrog, von der Donau aus Braila, Galatz und Rustschuk.

Seitens des Einfuhrhandels von Deutschland Delegierte der Handelskammern in Berlin, Bielefeld, Bremen, Dortmund, Dresden, Düsseldorf, Duisburg, Essen, Frankfurt a. M., Hamburg, Heilbronn, Hildesheim, Kiel, Köln, Krefeld, Mannheim, Münster, Potsdam, Rostock, Wismar, ferner neben den Handelskammern noch Vertreter spezieller Getreidehändlervereinigungen aus Berlin, Bremen, Dort-

[1] f. o. b. = free on board = frei an Bord.

[2] c. i. f. = cost insurance freight = Kosten für Versicherung und Fracht.

mund, Düsseldorf, Essen, Hamburg, Krefeld, Mannheim, Neuß. Aus den Niederlanden erschienen Delegierte aus Amsterdam, Rotterdam und vom Niederländischen Müllerverein Ryswyk. Spezielle Vertreter hatten die Export- und Importfirmen Louis Dreyfus & Co., Berlin (Zentrale Paris), M. Neufeld & Co., Berlin und J. Bunge & Co., Antwerpen, entsandt.

Das Resultat der dreitägigen Verhandlungen ist der in der Anlage Nr. 8 gegebene

1904 Deutsch-Niederländische Vertrag, Nr. 1
für Teilladungen,
von dem Schwarzen Meer, dem Asow und der Donau.

Festgestellt wurden ferner die in Anlage 8 und 9 enthaltenen „Bestimmungen" und „Erklärungen" zur Fassung einiger Punkte des Kontraktes.

Zu den beiden oben schon als die reformbedürftigsten bezeichneten Positionen des Vertrages einige Bemerkungen. Der von seiten des Einfuhrhandels aufgestellte prinzipielle Standpunkt, die Zusammensetzung des Schiedsgerichts absolut dem Einfluß der Parteien zu entziehen, scheiterte an dem Widerstande der russischen Vertreter. Nach scharfen Debatten einigte man sich dahin, daß aus mindestens 18 von jeder der betreffenden offiziellen kaufmännischen Korporationen der Einfuhrplätze im voraus zu bestimmenden Schiedsrichtern jede Partei einen wählt, und ein dritter von dem Vorstand der betr. Korporation gewählt wird. Gewiß ein Fortschritt gegen früher, wenigstens in Deutschland, indessen nicht das Gewollte und hie und da in gewissem Grade doch wohl eine gewisse Tendenz zu früheren Zuständen enthaltend. Was die Qualitätsgarantie betrifft, so erklärten sich die russischen Vertreter bereit, die Festlegung dieses praktisch sehr wichtigen Punktes vorzunehmen. Aber die Meinung über die Durchführbarkeit der 3% Besatzklausel bei Gerste war mysteriöserweise gerade auf seiten des Importes sehr geteilt. Ich bemerke hier, daß die Verhandlungen des Kongresses nicht öffentliche waren, und kann an dieser Stelle nichts weiter berichten, als daß ich lebhaft bedauere, besonders im Interesse der Gerstekonsumenten, daß die gerechtfertigten Anträge der Mannheimer, Bremer, Hamburger und Rheinländer, welche eine Besatzklausel forderten, resultatlos blieben, denn die südrussischen Delegierten hatten recht, wenn sie hervorhoben, daß nur auf dem Wege der einheitlichen Feststellung im Kontrakt dies Ziel zu erreichen war. Ein zweiter Kongreß wird nicht wieder so schnell zusammentreten, und das in den „Erklärungen" ausgedrückte Einverständnis über diese Frage unter dem Titel „Gegenstand des Geschäfts" bleibt für den Kenner der russischen Zustände ein frommer Wunsch ohne absehbare Erfüllung.

Die übrigen veränderten Punkte — hervorzuheben ist noch die Neuregelung der Probeentnahme — des neuen Vertrages, der als Frucht der außerordentlichen Anstrengungen der betreffenden Handelskammern und einzelner Kaufleute einen erfreulichen Fortschritt darstellt, halte ich hier für keiner weiteren Erläuterung bedürftig.

Die interessanten Verhandlungen des Kongresses wurden von dem Generalsekretär des deutschen Handelstages mit großer Hingabe an die Sache und geschickter Überwindung einiger Unebenheiten der nicht parlamentarisch geübten heterogenen Versammlung geleitet. Für die Einladung zu den Sitzungen spreche ich dem Vorsitzenden der Mannheimer Börse, Emil Hirsch, hiermit meinen Dank aus.

2. Das Azowsche Meer und Noworossisk.

Der Umfang des Getreideexportes von den Häfen des Azowschen Meeres erreicht im Durchschnitt etwa $^1/_8$ von demjenigen des Schwarzmeer-Rayons. Die Eigentümlichkeit dieses Geschäftes ist die vollständige Winterruhe wegen der Eisblockade bei eintretendem Frost, weshalb der Export auf die eisfreie Sommerzeit zusammengedrängt wird; alle Geschäfte, die während des Winters geschlossen werden, gelten per Lieferung bei Wiedereröffnung der Schiffahrt. Der bedeutendste Platz ist Rostow am Don. Nur hier bestehen direkte Verbindungen mit den ausländischen Märkten, die übrigen, später zu erwähnenden Abladeplätze im Azow werden alle von Rostower Firmen dirigiert resp. sind deren Filialen.

Rostow am Don.

Das Produktionsgebiet umfaßt in der Hauptsache das Dongebiet, Provinz des Donschen Heeres, Woronesh-Gouvernement, einen Teil des Charkower Gouvernements und den nördlichen Kaukasus, event. noch das Wolgagebiet und Sibirien.

Erst im Anfang der 1850er Jahre war der Kaukasus genügend pazifiziert, um an Landwirtschaft denken zu können. In diesen Jahren beginnen die ersten russischen Niederlassungen, und selbst damals war man noch in steter Lebensgefahr. Das Land wurde damals sehr billig okkupiert; man zahlte selten mehr als 8 Rubel pro Deßjatine, wogegen der heutige Preis 160 bis 170 Rubel beträgt. Die heutigen Großgrundbesitzer sind oft Bauern ohne Ansprüche und vor allen Dingen Eigenarbeiter ohne einen Verwalter für ihre Wirtschaft, wie das im Chersoner Gouvernement und Taurien vorwiegend der Fall ist. Sehr große Besitzer sind auch verdiente Generäle und andere Offiziere oder deren Nachkommen, welche von der Regierung seiner Zeit große Territorien als Geschenk erhielten. Weitere Landbesitzer sind die Kosakengemeinden am Terek und Kubanfluß, welche ihr Land selten selbst bebauen, außerdem eine Anzahl Armenier und deutsche Kolonisten. Bis in die 1870er Jahre hinein waren in diesem ganzen Gebiet sehr verwickelte Grundbesitzverhältnisse. Jeder hatte Landwirtschaft betrieben, wo er gerade hingeriet, später ließ man die Leute auch im Besitz des einmal okkupierten und bebauten Landes. Gegenwärtig herrscht im Kaukasus, besonders in der Nähe Rostows, in der Gegend der sog. „alten Linie" (Eisenbahnlinie) vorwiegend der Großgrundbesitz, der sowohl Getreidebau als Viehzucht treibt. Oft befinden sich 50 000 bis 60 000, ja 200 000 Deßjatinen Land in einer Hand, aber Getreide wird nur ausnahmsweise auf über 2000 bis 3000 bis 6000 Deßjatinen angebaut, wegen des Risikos der Mißernte, welches bei gemischter Wirtschaft mit Viehzucht sich verringert. In dieser Gegend dürfte bei Parzellierung der Körneranbau erheblich erweitert werden können. Nach dem Gebirge hin ist genügende Feuchtigkeit vorhanden, und ebenso sind in der Nähe von Rostow gute klimatische Verhältnisse. Fast immer ist Spätsommer und Herbst trocken, was das Einbringen der Ernte und die neue Bestellung des Bodens begünstigt. Die Regierung gibt im Dongebiet im ganzen 800 000 Deßjatinen Land an Pferdezüchter, gegen die nominelle Pacht von drei Kopeken per Deßjatine. Hiergegen sind diese Pächter verpflichtet, auf je 2000 Deßjatinen 75 Pferde zu halten und davon jährlich 15 Pferde von vorgeschriebener Qualität zur Remonte zu geben. Von einem solchen Teil (Utschastok) von 2000 Deßjatinen darf der Pächter unbegrenzt viel für Getreidebau verwenden, bis zu 600 Schafe halten, und ebenfalls Rindvieh: also ein außerordentlich billiges Land zur Bearbeitung. In dieser Gegend sind große Viehzüchter. Das Hornvieh wird gleichzeitig zur Bebauung benutzt. Es gibt hier Landwirte, die bis zu 18 000 Deßjatinen besäen. Viele der großen Besitzer verpachten an kleinere Bauern. Die Bewirtschaftungsart ist gemischte

Wirtschaft, Pferdezucht, Schafzucht und Getreidebau. Ein Ansatz zu verbesserter Fleischviehzucht und Export ist vorhanden, so daß der Gersteexport schon teilweise abgenommen hat. Neben der Schwarzmeerrasse und kalmückischen Rasse sind Versuche mit englischem Rindvieh gemacht, indes haben viele Züchter bald die Lust an der besseren Behandlung, die diese empfindlicheren Tiere nötig haben, verloren und treiben sie dann einfach auf die Weide. Im großen und ganzen erwartet man eine günstige Entwickelung. Molkereiwesen wie in Sibirien kann nicht aufkommen, vor allem wegen der Arbeitskräfte, die zu liederlich, unsauber und unzuverlässig sind; dann aber sind auch die Entfernungen zu den großen Städten zu groß, und eine regelmäßige Zustellung an die Bahnen unmöglich oder zu kostspielig. Im übrigen trägt die ganze Landwirtschaft den Charakter des Raubbaues. Im ganzen Dongebiet ist der Anbau sehr verschieden; der untere Don hat Weizen, Roggen und Gerste, der mittlere Don Roggen und Hartweizen, der obere Don alle Getreidearten mit den besten Qualitäten, die das ganze Gebiet produziert. Im Woroneschgebiet herrscht der Kleinbetrieb vor. Der untere Don hat Zufuhr mittelst Bargen vom Frühjahr bis Herbst, der obere Don von Kalatsch an aufwärts ist nur ungefähr 6 bis 8 Wochen im Frühjahr zum Wassertransport geeignet.

Was die Vermehrung der Produktion anbelangt, so ist eine solche in erster Linie durch Intensivierung des Betriebes möglich. Im Stawropoler Gebiet wird der noch jungfräuliche Boden auf 1/4 der Gesamtfläche geschätzt. Astrachan soll höchstens bis zu 1/5 bebaut sein. Ferner würden durch Bau von Deichen an der Mündung des Kubanflusses am Schwarzen Meer noch etwa 500 000 Deßjatinen für den Anbau freigelegt werden können, die bislang überflutet werden.

Der Ausfuhrhandel in Getreide begann in Rostow etwa gleichzeitig mit den russischen Niederlassungen zu Beginn der 1850er Jahre, und zwar waren es Griechen, die zuerst mit kleinen Segelschiffen das Azowsche Meer aufsuchten, billig ihre Ladungen kauften und dieselben mit großem Nutzen in ihre Heimat absetzten. Allmählich siedelten sich diese Griechen in Rostow an und begannen regelmäßig zu exportieren. Kaufleute anderer Nationen folgten bald nach. Die heute existierenden etwa 30 Exportfirmen sind in Händen von Griechen, Italienern, Russen, je eine in solchen eines Franzosen und eines Deutschen. Auch in Rostow existiert eine Börsenvereinigung der Kaufleute. Das Börsenlokal ist täglich geöffnet, auch Sonntags. Die Exporteure verkehren jedoch dort nicht, erledigen vielmehr die Geschäfte in ihren Bureaus; nur die im Zwischenhandel beschäftigten Leute geben sich im Börsenraum Rendezvous. Es besteht eine Arbitragekommission, die Streitigkeiten untereinander und in Schiffahrtsangelegenheiten auf Anruf beilegt. Der Verkehr mit dem Auslande scheint in Azow entsprechend dem bessern Zwischenhandel eine Oktave solider zu sein als der vom Schwarzmeer-Rayon. Man verkauft meist auf den bekannten Londoner Kontrakt, ist also entgegenkommender. Die Klagen, die wohl von deutscher Seite erhoben werden, beziehen sich auf die Gerstelieferungen. Man verkauft Gerste auf Naturalgewicht, z. B. 60/61 kg per Hektoliter. Ist die Gerste relativ frei von Besatz, so ist diese Bedingung ganz fair und sichert dem Käufer eine gute Qualität. Auch sind die Käufer verhältnismäßig gut dabei gefahren bislang. Letzthin hat sich aber doch der Mißbrauch seitens Rußlands recht oft geltend gemacht, daß gerade ein Mindergewicht der Gerste durch Beimischung bis zu 6, 7 und mehr Prozent „verbessert" wurde; natürlich war das Hektolitergewicht sehr schön erreicht, aber der Käufer hatte neben minderwertiger Ware 6 und mehr Prozent wertlosen Besatz anstatt Gerste; hiergegen ist er, da Besatzklausel nicht stipuliert, wehrlos. Ein angesehener Exporteur bemerkte zu diesem Schwindel, daß die Schweine in Deutschland die Gerste deshalb nicht weniger gern fressen würden. Hoffentlich beantworten die deutschen Importeure diese „Handelsmoral" mit der allgemein festgelegten Besatzklausel von höchstens 3% bei Gerste, denn diese können die Azow-Exporteure um so leichter bewilligen, als aus den Platzkonditionen erhellt, daß sie selbst so einkaufen. In Weizen kommen von Azow mit die allerfeinsten Sorten, die Rußland überhaupt dem Weltmarkt liefert.

Die nähere Umgebung bis zu 80—100 Werst bringt ihr Getreide nach Rostow an den Bazar. Der weitaus größte Teil des Getreides wird an die Bahnstation im Innern geführt und kommt im Waggon nach Rostow. Außerordentlich günstig ist die Wassertransportgelegenheit den Don herunter und event. auf der Wolga. Die höchste Fracht, die bezahlt wird, etwa aus dem Tscheliabinsker Rayon, ist 30 Kopeken pro Pud plus 3 Kopeken Bordofpesen, d. h. bei Weizen etwa 35% des Wertes der Ware in Rostow. Die Wasserfrachten von den näheren Stationen des Don betragen 2 bis 2½ Kopeken pro Pud, die vom oberen Don 6—10 Kopeken. Diese Bargenware wird in Rostow in die sog. Dampfbargen umgeladen; letzthin hat man Seebargen erbaut, welche das Getreide von den Plätzen bis einschließlich Konstantinowka abwärts ohne Umladung in Rostow an den Dampfer befördern. Bei den Bahntransporten vom Innern her ist ein besonders störender Faktor von großer Bedeutung die Unregelmäßigkeit und Schwierigkeit der Zufuhr an die einzelnen Stationen. Die Kosten hierfür sind sehr variabel. Der Transport geschieht mittelst Ochsengespann, Pferden und teilweise vom Kaukasus mit Kamelen. Nach der Ernte werden die Zufuhren gestört durch Bestellung der neuen Aussaat, welche ebenfalls Zugvieh und viele Arbeiter beansprucht. Hinzu kommen die mangelhaften, oft gänzlich fehlenden Wege und die vielen kirchlichen Feiertage, welche die angeborene Faulheit des Volkes noch bestärken. Auch macht sich hier schon in den entlegensten Gegenden die soziale Bewegung bemerkbar. Der Durchschnittslohn genügt den materiellen Ansprüchen vollkommen, dennoch hat die Massensuggestion die ungerechtesten Forderungen gezüchtet, so daß, namentlich bei guter Ernte, die Löhne zu hoch steigen. Es gibt Gutsbesitzer, die aus diesem Grunde eine Mittelernte vorziehen.

Die Exporteure kaufen fast ausschließlich von Kommissionären am Platz, die ihrerseits die Ware von Händlern im Innern oder großen Gutsbesitzern in Kommission bekommen. Die Kommissionäre sind durchweg leistungsfähige Leute, die persönlich die Garantien für Lieferung, Lieferfrist und Qualität übernehmen. Ware, welche von den Produzenten direkt an den Bazar in Rostow geführt wird, wird von den Exporteuren auch nur durch Vermittlung der Platzhändler aufgekauft. Die eigentlichen großen Spekulanten, welche zu Tagespreisen auf Depot kaufen, haben nicht mehr die frühere Bedeutung. Mit Umgehung der Kommissionäre im Innern kaufen nur zwei, allerdings die größten Firmen Rostows, besonders im Wolgagebiet und in Sibirien, wenn diese Gebiete rentieren. Man kauft in Rostow gegen sehr strikte Garantien, bezüglich Naturalgewicht, Besatzprozente, Provenienz und bei Weizen sogar Farbe. Niemals „tel quel", wie in Odessa.

Die Platzkonditionen, unter denen gehandelt wird, sind für Weizen:

1. Hartweizen: Garantiertes Naturalgewicht, Provenienz und Farbe. Für jedes fehlende Pfund Naturalgewicht 2½ bis 3 Kopeken Vergütung. Diese Ware darf nicht über 3% Besatz haben an Erde und Gerste, Besatz an weichem Weizen darf nicht über 5—6% betragen (die Kaukasus-Provenienz ist die beste, Dongebiet geringer).

2. Azima (Winterweizen): Garantiertes Naturalgewicht, Farbe

und Provenienz, Besatzgarantie. Vergütung event. bis $3^3/_4$ Kopeke für jedes fehlende Pfund Naturalgewicht. Für mehr Besatz an Roggen wird für je 1 % Roggen $^1/_2$ % vom Preise gekürzt. Doch darf dieser Mehrbesatz 2—5 % nicht übersteigen.

3. Ghirca (Sommerweizen): Nur Naturalgewichtgarantie. Vergütung $2^1/_2$ Kopeke für jedes fehlende Pfund. Besatz von 3—4 % ohne Vergütung zulässig.

Roggen: Als Qualitätsbasis wird ein Naturalgewicht stipuliert, erlaubter Besatz 2 %, Weizenkörner gelten hierbei nicht als Besatz bis zu 2 % bei guten Roggenqualitäten. Bei geringeren bis zu 6 und 8 %. Für fehlendes Naturalgewicht wird 2—$2^1/_2$ Kopeke per Pud je nach Ernteausfall abgezogen.

Gerste: Dieselbe wird mit Besatzgarantie von nicht über 3 % behandelt. Weiterer Besatz wird Prozent für Prozent vergütet.

Diese Konditionen werden in Rostow strikt innegehalten, was viel sagen will; denn im Innern beim Ankauf kann dem Produzenten gegenüber keineswegs immer so scharf daran festgehalten werden mangels deren kaufmännischen Verständnisses. Das wirtschaftliche Niveau der bäuerlichen Bevölkerung ist ein unglaublich niedriges.

Rostow hat keinen Hafen, der von großen Dampfern besucht werden kann, da das Wasser zu flach ist. Die Dampfer werden auf der Reede von Taganrog, wo sie vor Anker liegen, beladen. Die in Rostow zu verladende Ware kommt an: in Flußbargen, in Eisenbahnwaggons oder dieselbe lagert schon in Magazinen am Platz. Aus diesen 3 Behältern wird sie mittels Handarbeit (Sackträger) in für diesen Zweck erbaute sog. Dampfbargen übergeladen. Dieselben sind in Wirklichkeit seetüchtige Dampfschiffe, oft bis 800 Tons Kapazität, die das Getreide auf den Ankerplatz der großen Dampfer bringen und hier mittelst eiserner, handlicher, 5 Tschetvert fassender Gefäße, die mit Dampfwinde auf die Höhe der Schiffslukenl gehoben werden, überladen. Diese Verladungsweise ist eine außerordentlich schnelle. Die lästige Wartezeit wie in Odessa ist unbekannt, die Dampfer werden hier am schnellsten expediert. Nur bei außergewöhnlich schlechtem Wetter muß die Ladung unterbrochen werden; dem Dampfer gegenüber gilt die Ware als abgeliefert, sobald dieselbe sich in den Bargen along side befindet. Den Verlust beim Laden auf der Reede durch Wind usw. kalkuliert man $^1/_4$—$^1/_2$ %. Im übrigen sind diese Verladungskosten relativ geringe.

Die Bedingungen des Seetransportes sind im großen und ganzen dieselben, wie vom Schwarzen Meer. Basis ist die früher angeführte Charter-Party. Die gegen den Winter zu gecharterten Dampfer machen von der Eisklausel oft Gebrauch, welche sie berechtigt, bei eintretendem Frost die Flucht zu ergreifen. Eine diesen Verhältnissen korrespondierende Klausel in den Getreide-Verkaufskontrakten mit dem Auslande befreit die Verkäufer von der Lieferung der verkauften Ware, die alsdann bei Eröffnung der Schiffahrt im nächsten Frühjahr zu erfolgen hat. Die Frachten von Azow sind 1 Sch. per Tonne höher als vom Schwarzen Meer.

Rostow-Exportstatistik in Tschetwert à 10 Pud.

Jahr	Weizen	Roggen	Gerste	Leinsaat	Rabison	Hafer
1893	2 608 791	401 215	1 042 573	41 694	44 101	10 660
1894	2 066 315	814 106	1 645 028	69 411	66 960	29 823
1895	31 572 075	19 143 100	12 528 100	1 853 450	2 555 400	31 950
1896	28 734 650	11 734 650	6 812 050	3 281 750	2 438 000	41 280
1897	24 336 000	13 210 000	3 664 000	3 590 000	894 000	—
1898	21 830 000	13 972 000	7 955 000	1 041 000	463 000	26 000
1899	17 028 300	16 826 700	15 377 500	818 000	853 900	69 000
1900	22 290 400	21 119 600	11 402 650	803 800	1 143 450	1 599 900
1901	20 113 150	12 869 200	11 429 100	120 400	358 100	574 750
1902	24 265 500	14 085 300	18 463 050	586 100	271 050	105 650

Die übrigen im Azowschen Meere gelegenen Abladeplätze sind:

Mariupol. Bis zum Jahre 1902 wurde nur auf der Reede geladen, jetzt besitzt dieser Platz einen Hafen, welcher Schiffen bis zu einem Tiefgang von 12—13 Fuß den Zugang gestattet. Den Rest laden die Dampfer auf der Reede. Die Exporteure kaufen am Platz selbst von Zufuhren durch Zwischenhändler, ferner auf der Linie der Jekaterinenbahn. Bordospesen betragen 2—2½ Kopeken. Chirca-Weizen, Gerste und Hafer.

Berdiansk besitzt einen Hafen seit 1895. Es führt dahin eine Zweigbahn von der Station Chaplino der Jekaterinoslawer Bahn. Der Aufkauf geschieht von Platzspekulanten, Zwischenhändlerzufuhren und vom Innern an den betreffenden Eisenbahnstationen. Gehandelt wird Gerste, Azimaweizen, Ulkaweizen, Roggen und kleine Quantitäten Hafer. Die Bordospesen betragen 1½ Kopeken.

Ghenitschesk: Ein äußerst primitiver Platz mit Ladung auf der Reede. Nur Filialfirmen. Einkauf hauptsächlich von Zufuhren an Bazar und durch kleine Platzhändler. Außerdem direkt von größeren Produzenten im Innern, welche Ware ebenfalls per Wagen angebracht wird. Die Bahnlinie, welche in diesen Platz endigt, wird zum Getreidetransport nicht benutzt, weil unrentabel, wegen der Konkurrenz von Theodosia. Bordospesen betragen 2½—3 Kopeken. Azima, Chirca, Hafer, Gerste, etwas Roggen. Der Export betrug 1901: 3820300 Pud.

Achtari kauft ausschließlich von Zufuhren durch Händler. Es sind dort 2 oder 3 Filialen Rostower Exporteure. Ladung auf der Reede. Hartweizen, Gerste, Azima. Bordospesen 2 Kopeken. Bei guter Ernte relativ bedeutende Quantitäten.

Jeisk. Obwohl keine Bahnverbindung mit dem Innern besteht, ist dies doch ein verhältnismäßig bedeutender Ausfuhrplatz des Azowmeeres. Aufkauf vom Bazar, der von Zufuhr gespeist wird, und im Innern vom Produzenten. Dieser Platz versendet mit die ausgezeichnetsten Hartweizenqualitäten, sog. Kubankaweizen. Ferner Gerste, übrige Getreidearten unbedeutend. Ladung muß auf der Reede vorgenommen werden. Häufig wird auch von dort Getreide per Barge zu der Taganroger oder Mariupoler Reede gebracht, um die dort schon lagernden Dampfer nicht aufzuhalten und vice versa. Bordospesen betragen 1½—2 Kopeken. Export 1902: 8919550 Pud.

Noworossisk. Durch die Erbauung der Eisenbahnlinie Jekaterinodar bis Noworossisk vor einem Jahrzehnt gewann dieser Platz durch die damit vollzogene Erschließung des Inneren größere Bedeutung für den Getreideexport. Rostow ist dadurch eine bedeutende Konkurrenz erwachsen, da der größere Teil der nördlichen Kaukasusware nach Noworossisk abfließt. Über die Art des Handels ist nichts wesentlich Verschiedenes von der in Rostow zu sagen. Die meisten in Noworossisk existierenden Firmen sind ebenso wie die andern kleinen Azowplätze von Rostow dirigiert. Selbständige Firmen sind nur einzelne in Noworossisk. Einen Vorsprung hat dieser Platz als eisfreier Schwarzmeerhafen und die dadurch bedingte 1—1½ Sch. billigere Frachtrate. Die Ladungen werden im Winter oft durch die berüchtigten nördlichen Stürme, welche über das Schwarze Meer wehen, belästigt. Die Regierung hat dort einige Elevatorenspeicher erbaut, durch welche der größte Teil des Exportes passiert. Platzzufuhren gibt es nicht. Alles Getreide kommt per Bahn dort an. Die Bordospesen betragen 2 Kopeken pro Pud. Ausgeführt wird: Kubanka-Weizen, Gerste, Hafer und Mais.

3. Das Wolgagebiet und Sibirien.

Nach dem Bericht von Auhagen beträgt die zur Ackerbauzone gehörige Fläche Sibiriens 42000000 Quadratkilometer, ein Gebiet, fast achtmal so groß wie das Deutsche Reich. Das ganze Terrain ist auch von den Ansiedelungsbehörden zur Besiedelung ins Auge gefaßt. Die Einwohnerzahl Sibiriens ist der letzten russischen Volkszählung von 1897 zufolge 7544367, also sehr dünn gesät, im Vergleich mit Deutschland etwa 1:200. Entsprechend diesen Ziffern ist die gegenwärtige landwirtschaftliche Entwickelungsstufe Sibiriens eine niedrige. Bei den jetzigen Erträgnissen der Landwirtschaft kommt Exportgetreide für den Weltmarkt einstweilen nur bei guter Ernte in Betracht oder richtiger erst dann, wenn zwei gute Ernten aufeinander folgen. Anders das Wolgagebiet.

Seit Durchführung der sibirischen Eisenbahn 1897—98 wird das verfügbare Getreide, hauptsächlich Weizen, (Chirca-Kubanka) nach folgenden Richtungen verladen:

1. Von Petropablowsk—Kurgan bis Tscheliabinsk via Jekaterinenburg—Perm—Wiatka nach der Endstation Katlas. Hier wird die Ware umgeladen und im Frühjahr bei Schiffahrtseröffnung auf dem Flusse Dwina nach Archangelsk und von dort per Dampfer nach England oder Holland usw. verladen. —

2. Von dem Tscheliabinsker Rayon nach dem Süden, in welcher Richtung die günstigsten Ausfuhrhäfen Rostow und Noworossisk sind.

3. Von Warnaul und Bisk im Gouvernement Tomsk per Fluß Ob über Obdorsk per Schiff nach England. Die Transportkosten betragen ca. 30 Kopeken per Pud bis London. Die projektierte Bahn Obdorsk bis an das Karsksche Meer dürfte bald gebaut sein und ermöglicht dann, die ganze Ob-Ware noch schneller an den kontinentalen Markt zu bringen. Am unteren Teil des Irtischflusses, etwa in der weiteren Umgegend der Stadt Semipalatinsk, wächst ein sehr gesuchter Weizen, der per Irtisch nach Tumen im Gouvernement Perma für den Eigenkonsum und zum Teil per Eisenbahn über Katlas, per Dwina nach Archangelsk zur Weiterbeförderung per Schiff an den Weltmarkt geht. Weiter östlich als Tomsk hat die sibirische Eisenbahn einstweilen für die Getreideausfuhr kein Interesse. Das östlich hiervon gebaute Getreide wird nach Irkutsk für den sibirischen Konsum aufgenommen.

Es sind bislang nur einige wenige der größten Exportfirmen in Rostow, Petersburg, Riga und Reval, welche Sibirien gleichzeitig mit dem ganzen Wolgagebiete bearbeiten. Die Hauptplätze, in welchen diese Firmen Vertretungen unterhalten, sind: Petropablowsk, Kurgan, Tscheliabinsk, Uffa, Orenburg, Ssamara, Simbirsk, Tschistopol, Wiatka. Der Aufkauf vollzieht sich in der Weise, daß Kommissionäre, die für die Produzenten handeln, die Ware an die Eisenbahnstation bringen, wo für Lagergelegenheit gesorgt ist und dort direkt an die Agenten der Exporthäuser verkaufen. Oder aber, falls sie günstigere Chancen annehmen, die Ware bei der Eisenbahn bis zu 75 % des Wertes lombardieren und nach den Exporthäfen für eigene Rechnung senden. Der Aufkauf findet statt von Oktober bis März. Preise der letzten Jahre durchschnittlich: Chirka-Weizen 45 bis 55 Kopeken, Kubanka 60 bis 70 Kopeken. Der Haupthandelsplatz für das Wolgagebiet ist Ssamara, dort befindet sich eine relativ wohlorganisierte Börse, und der Handel trägt einen soliden Charakter. Saratow an der Wolga hat die frühere Bedeutung verloren.

Ein Teil des sibirischen Weizens wird im Uralgebiet konsumiert, und die Preise der dortigen Mühlen sind größtenteils über der Exportrentabilität. Die Weizen sind dort mit Ausnahme weniger Distrikte von hervorragender Qualität und Reinheit. Hafer baut man wenig, Roggen fast gar nicht. Das Getreide wird in Sibirien im Winter gedroschen. Dabei wird leider oft feuchte Witterung nicht beachtet, woher es kommt, daß sich im Frühjahr viel verdorbene Ware vorfindet. Sibirien kommt, wie gesagt, nur bei guter Ernte für den Export in Betracht. Das letzte Exportjahr war 1900. Es wurden in diesem Jahre auch nur ca. 5000 Waggons à 750 Pud auf der sibirischen Bahn westlich von Tomsk befördert, wovon etwa 3600 für den Export gedient haben. Also ein verhältnismäßig kleiner Anfang. 1901 war ein Hungerjahr, und die Firmen beschäftigten sich damit, für die Regierung aufzukaufen und nach den Mißernte-Gouvernements wie Saratons, Ssamara, Kasan, Simbirsk, Uffa, Orenburg zum Teil und Pensa zu schicken, wo die aus den Schilderungen von Schulze-Gävernitz bekannten traurigen Zustände herrschten. 1902 und 1903 wurde bei mittleren Ernten das Getreide für den Platzkonsum aufgekauft, weshalb die Preise erheblich über dem Weltmarktpreise minus Transportkosten und Handelsspesen waren, folglich für den Export außer Frage. Über Sibiriens zukünftige landwirtschaftliche Bedeutung verweise ich auf Auhagens Bericht „Zur Besiedelung Sibiriens“. Daß die natürliche Möglichkeit, bei einer im größeren Rahmen fortschreitenden Besiedelung und Intensivierung der Bebauung einer so gewaltigen Fläche gegeben ist, nach Jahrzehnten eine neue Konstellation der Weltproduktion zu bewirken, etwa wie es im letzten Jahrzehnt Argentinien mit den ungeheuren auf den Weltmarkt geworfenen Getreidemassen getan hat, ist klar. Die Wahrscheinlichkeit dagegen erscheint bei den wirtschaftlichen Verhältnissen Rußlands gering.

Russische Maße, Gewichte und Münzen.

1 Werst = 1,0668 km.
1 Deßjatine = 1,0925 ha.
1 Pud = 40 Pfd. = 16,38 kg.
1 Tschetvert = 2,099 hl, im Getreidehandel = 10 Pud.
1 Rubel = 100 Kopeken = 2,16 Mark.

Literatur.

v. Schulze-Gävernitz: „Volkswirtschaftliche Studien aus Rußland“, 1899.
Oskar Mertens: „Rußlands Bedeutung für den Weltgetreidemarkt“, 1892 in v. Mayrs Allgemeines statistisches Archiv, Bd. II, S. 153—206.
Laves: „Studien über Getreideproduktion und Handel im europäischen Rußland“ in diesem Jahrbuch von 1881, Bd. VI, S. 205—225.
Beer: „Geschichte des Welthandels im 19. Jahrh.“ Bd. II, S. 448—493.
Pfleger und Gschwindt: „Der Getreideterminhandel“ in Münchener volkswirtschaftliche Studien S. 1—54, 2. Abschn., 1. Kap. 1896.
K. Helfferich: „Außenhandel und Valutaschwankungen“ in diesem Jahrbuch, Bd. XXI, Heft 2, 1897.
Richard Ehrenberg: „Der Handel“, 1897.
— „Handelspolitik“, 1900.
Martin Bürgel: „Russisches Getreide“, in diesem Jahrbuch, Bd. XXIV, 1900.
H. W. d. St., Bd. IV, S. 297—304: „Getreidehandel“.
— S. 330: „Getreideproduktion“: Rußland.
Peter Werpho: „Die Eisenbahntarife Rußlands für Getreide und Mehl in dem letzten Dezennium 1889—1899“, in Schriften des Vereins für Socialpotitik, Bd. 89, S. 170—322.
Wilh. Stieda: „Russische Zollpolitik“, in Jahrbuch für Gesetzgebung, Verwaltung und Volkswirtschaft, 1883.
Nauticus: Jahrbuch für Deutschlands Seeinteressen, 1903.
Leroy-Beaulieu: „L’empire des tsars et les russes“, 1884—90, 3 Bände.
Nikolai-on; „Die Volkswirtschaft in Rußland“, 1899.
Kowalewsky: „Produktivkräfte Rußlands“, 1898.
— „La Russie à la fin du XIX. Siècle“.
Wiedenfeld: „Die sibirische Eisenbahn“, 1900.

Anlage Nr. 1, s. beif. graphische Darstellung.

Anlage Nr. 2.

Mc Nabb, Rougier & Co

ODESSA AND AT LONDON.

THE 1890 BLACK SEA CHARTER-PARTY.

STEAMER.

SCALE OF UNITS for Freight.

	English lbs		kilo-grammes		English lbs		kilo-grammes
Wheat, Maize, Peas, Beans, Milletseet	2,240	or	1,015	Dodder, Cameline	2,100	or	951
Rye, Dari, Canary Seed	2,220	-	1,006	Barley, Mustard Seed, Sesame	2,050	-	929
Linseed, Rapeseed	2,170	-	983	Hempseed	1,800	-	815
				Oats	1,600	-	725
				Poppyseed	1,400	-	634

Odessa 190

It is this day mutually agreed between Owner of the good steamer called the Flag and classed of the measurement of gross net Register Tons, or thereabouts, whereof is Master now and of Freighters,

1. That the said steamer; being tight, staunch and strong, and every way fitted for the voyage, having leave to take a cargo for owner's benefit, from any ports in the United Kingdom or Continent or Mediterranean direct and/or to any ports in the Mediterranean, Adriatic, Black or Azoff Seas and/or any ports on the way, shall with all convenient speed, sail and proceed to and as there ordered by within six running hours of arrival or lay days — Sundays only excepted — to count, to

or so near thereunto as she may safely get, and there load, always afloat, from the factors of the said freighters, a full and complete cargo (but not exceeding tons, English weight) of Wheat and/or Seed and/or Grain at the option of the freighters, (if a mixed cargo, notice of the descriptions
and quantities to be given before loading commences, and the heaviest goods to be supplied first) which said freighters bind themselves to ship, not ex-

ceeding what she can reasonably stow and carry over and above her tackle, apparel, provisions and furniture; and being so loaded shall therewith proceed to a safe port in the **United Kingdom**, or a safe port on the **Continent**, between Havre and Hamburg (both inclusive) or to a safe port in the **Adriatic**, or **Mediterranean Seas** (Spain excluded).

2. Orders for the **United Kingdom**, **Continent** or other stipulated port unless given on signing Bills of Lading, are to be given at **Gibraltar** within 12 running hours of arrival, or lay days—Sundays only excepted—to count.

3. The Charterer has the right to order the steamer from Gibraltar to Queenstown, Falmouth or Plymouth (at Master's option) for final orders to be given within 12 running hours (24 at Queenstown) of arrival, or lay days—Sundays only excepted—to count, for the United Kingdom, Continent or for other stipulated Continental port not West of Havre, paying 1/- per unit extra freight over and above the rates hereinafter stated.

4. Should the Charter contain an Adriatic or Mediterranean option, unless notice is given to Captain on signing Bills of Lading to proceed to Gibraltar direct, in which case the Adriatic and Mediterranean options become null and void, orders for an Adriatic or Mediterranean port east of Malta are to be given on signing Bills of Lading or at Constantinople in passing and unless so ordered the steamer shall proceed to Malta for orders to be given within 12 hours or lay days—Sundays only excepted—to count for a Mediterranean port West of Malta, or for a United Kingdom or Continental port or for other stipulated port or to United Kingdom for further orders, but having so called at Malta the right to order from Gibraltar is thereby cancelled, and the freight to United Kingdom, Continent or other stipulated ports shall be the same from Malta as though ordered from Gibraltar.

5. The steamer shall proceed as ordered to the port of discharge, or so near thereunto as she may safely get, always afloat, there delivering the cargo on being paid freight as follows, viz : —

FROM	To a port in U. K. but if it be in the Bristol Channel 9d. per unit less or to a port on the continent, between Havre and Hamburg 9 d. per unit additional					

All per unit delivered as per scale in the margin, being in full of all port charges and pilotage as customary. The freighters engage to provide the necessary mats for dunnage, and separation of different kinds of cargo. The cargo to be brought and taken from alongside the steamer at freighters' expense and risk, but the crew to render all customary assistance in hauling lighters alongside. In loading and lightening, the master shall use all reasonable diligence to prevent **spillage** by placing tarpaulins or canvas between the steamer and the lighters. The Charterer by his Agents has the right to be on board the steamer whilst loading or discharging for the purpose of inspecting the cargo. He is also entitled to check the weight and generally supervise his interest therein.

6. The Master has leave to sail with or without pilots, to call at any ports for coal, to tow or be towed, and to render assistance to other vessels in distress.

7. **running days**, Sundays, Good Friday, Easter-Monday, Whit-Monday and Christmas Day excepted, are to be allowed the said freighters (if the steamer be not sooner despatched) for loading and unloading, and ten days on **demurrage** over and above the said lay days, at four pence per ton on the steamer's gross register tonnage per running day. **Lay days** at port of loading are not to count before the

next (new style), unless both steamer and cargo be ready earlier. The freighters have the option of **cancelling** this charter if the steamer does not arrive at port of loading and be ready to load, on or before midnight of

next (new style), unless the steamer has been detained waiting for orders as to loading port longer than six hours, in which case the date, last mentioned shall be extended so far as to cover the time the vessel was detained for orders over and above the six hours, and if by reason of such detention the vessel is prevented reaching her loading port the charterers shall pay demurrage for each day detained over the said hours, whether the vessel is ultimately loaded or not.

8. **Cash** at port of loading, not exceeding £

to be **advanced** the master, if required, free of interest and commission, to be deducted from the freight with cost of insurance thereon.

9. The **freight** is to be paid on unloading and delivery of the cargo, if in the United Kingdom, in Cash, and, if elsewhere, in Cash in Gold, at the current exchange for bankers' sight bills on London.

A. Should it be necessary to lighten the vessel to reach the open sea, the same to be at steamer's expense and merchant's risk.

B. If the steamer be ordered to **Nicolaieff** and **ice** (except in the spring) prevents her entering the port, this charter shall be null and void. Should frost ensue (except in the Spring) after the steamer has arrived at Nicolaieff, and the vessel is compelled to leave to avoid being frozen in, the master is at liberty to leave without cargo, in which case the charter shall be null and void, or with part cargo, and to fill up for steamer's benefit at any open Black Sea, Azoff, or Mediterranean port for United Kingdom, Continent or Mediterranean; but in case of leaving with part cargo, the steamer shall complete the voyage as if a full cargo had been loaded, or shall forward such part cargo to its destination, provided that no extra expense be thereby caused to the receivers, freight being paid on quantity delivered under this charter.

C. In the event of any part of the cargo, which has been put into craft, to enable the steamer to pass down the river after the Captain has signed Bills of Lading, being frozen in, so that the steamer is unable to complete the re-loading, she is to wait not less than five days, and if the craft does not arrive she will be at liberty to proceed to complete her voyage, and shall not be held liable for non-delivery at port of discharge, but the Captain is to inform the shippers and charterers by telegram from Constantinople of the quantity left behind.

10. Should the steamer be ordered to a port of discharge inaccessible by reason of ice on the steamer's arrival, the mastér shall have the option of waiting until the port is again open, or of proceeding to the nearest safe open port or roadstead (telegraphing his arrival there to freighter) where he shall receive fresh orders for an open and accessible port of discharge in the United Kingdom or Continent as above, within 24 hours of arrival, or lay days to count. If so ordered the steamer shall receive the same freight as if she had discharged at the port to which she was originally ordered; but if ordered to a port more than 100 nautical miles distant from such open port or roadstead, the freight shall be increased **by one shilling and threepence** per unit. In no case shall the steamer be ordered from a port of call in the United Kingdom to an ice-bound port. Except in the Spring the steamer shall not be ordered to an ice-bound port for loading.

11. Except as herein provided, detention by frost, ice or quarantine shall not count as lay days.

12. Should the steamer be ordered to discharge at a place to which there is not sufficient water for her to get the first tide after arrival without lightening, and lie always afloat, lay days are to count from **48 hours** after her arrival at a safe anchorage, for similar vessels bound for such place, and any lighterage incurred to enable her to reach the place of discharge, is to be at the expense and risk of the receiver of the cargo, any custom, of the port or place to the contrary notwithstanding, but time occupied in proceeding from the anchorage to the port of discharge is not to count.

13. If the cargo cannot be discharged by reason of a strike or lock out of any class of workmen essential to the discharge of the cargo, the days for discharging shall not count during the continuance of such strik or lock out. A strike of the receiver's men only shall not exonerate him from any demurrage for which he may be liable under this charter, if by the use of reasonnable diligence he could have obtained other suitable labour, and in case of any delay by reason of the before-mentioned causes, no claim for damages shall be made by the receivers of the cargo, the owners of the ship, or by any other party under this Charter.

14. The Act of God, Perils, Dangers and Accidents of the Sea or other Waters of what nature on kind soever; Fire from any cause on Land or on Water, Barratry of the Master and Crew, Enemies, Pirates and Robbers, Arrests and Restraints of Princes, Rulers and People, Explosions, Bursting of Boilers, Breakage of Shafts, or any latent defect in Hull and/or Machinery, Strandings, Collisions,. and all other Accidents of Navigation, and all Losses and Damages caused thereby are excepted, even when occasioned by negligence, default, or error in judgement of the Pilot, Master, Mariner, or other Servants of the Shipowners, but unless stranded, sunk or burnt nothing herein contained shall exempt the Shipowner from liability to pay for Damage to Cargo occasioned by bad Stowage, by improper or insufficient Dunnage, or absence of customary Ventilation, or by improper opening of Valves, Sluices and Ports, or by causes other than those above excepted, and all the above exceptions are conditional on the Vessel being Seaworthy when she sails on the Voyage, but any Latent Defects in the Hull and/or Machinery shall not be considered unseaworthiness, provided the same do not result from want of due diligence of the Owners, or any of them, or by the Ship's Husband or Manager.

15. No **cargo** (other than freighter's) or **cattle** to be shipped without the written sanction of the shippers, except as herein provided.

16. The **Master** is to **telegraph** from Constantinople and (unless taking cargo to the loading port) from his last port of outward discharge to of naming the date of the steamer's departure, and to apply to at for cargo, failing to telegraph as abovs three days are to be added to the lay days.

17. If the nation under whose flag the Steamer sails shall be at **war**, whereby the free navigation of the steamer is endangered, or in case of **blockade** or **prohibition of export** of grain and Seed from the loading port, this charter shall be null and void at the last outward port of delivery or at any subsequent period when the difficulty may arise, previous to cargo being shipped.

18. **The freighters' liability** on this charter to cease when the cargo is shipped (provided the same is worth the freight, dead freight, and demurrage on arrival at port of discharge), the owner or his agent having an absolute lien on the cargo for freight, dead freight, demurrage, lighterage at port of discharge and average.

19. The Mediterranean, Black Sea and Baltic Grain Cargo Steamer Bill of Lading 1890, is to be used under this charter, and its conditions are to form part thereof.

20. Penalty for non-performance of this Charter, proved damages not exceeding the estimated amount or freight.

21. The steamer to be reported at the Custom House, at loading port or ports by **Mc Nabb, Rougier & Co** or their agents steamer paying an agency fee of £ 5.5/- at each port and a chartering commission of Five per cent., on the gross amount of freight, dead freight and demurrage which is due them of the signment of this Charter, steamer lost or not.

22. The excepted days in Clause 7, viz: Good Friday, Easter-Monday, Whit-Monday, and Christmas Day, shall be those of the country where the steamer may be loading or unloading.

Witness to Signature of

Witness to Signature of

Anlage Nr. 3.

Mc Nabb, Rougier & Co

ODESSA AND AT LONDON.

Telegraphic Addresses: „MACNABB, ODESSA". „KINTAUGH, LONDON".

CHAMBER OF SHIPPING BLACK SEA BERTH CONTRACT, 1901.

Odessa, the day of 190

IT IT THIS DAY MUTUALLY AGREED between
Owners of the good Steamer flag, and classed of the maximum deadweight cargo carrying capacity of tons now
having liberty to take cargo, for Owners' benefit, from any port or ports in in the United Kingdom or Continent or Mediterranean direct and/or to any port or ports in the Mediterranean, Adriatic, Black or Azoffs Seas and/or any port or ports on the way.
the Messrs. of Freighters.

1.—That the said Steamer being tight, staunch and strong, and every way fitted for the Voyage, shall with all convenient speed sail and proceed, as ordered to

and there, or so near thereunto as she may safely get, load, always afloat, from the Freighters' Nominees **a full cargo to a parcel of** tons of Wheat and/or other Grain and/or Seed (if a mixed cargo be shipped the haviest goods shall be supplied first if so desired by the Master), and discharge the same at
as ordered on signing Bills of Lading, the Receivers paying freight at the rate of per unit delivered, according to the 1890 Scale, in Cash on unloading and delivery of the cargo if in the United Kingdom, and if elsewhere, in Cash in Gold, at the current exchange for Bankers' Sight Bills on London.

2.—A—The Freighters have the **option of loading at Nicolaieff** about tons, and to have the option of loading any further quantity there up to Steamer's bar draft at per unit on cargo shipped there, completing at as above.

B—The Freighters shall **load at Nicolaieff** about tons, and **have the option** of loading any further quantity there up to Steamer's bar draft at per unit on the cargo shipped there, completing at as above.

3.—**Orders for Nicolaieff or Odessa** to be given at **Constantinople** within six running hours of telegraphic advice of arrival, counting from time of departure of message from Constantinople, provided the telegram be sent away before noon. Failing such orders Steamer to proceed to Odessa Roads, where orders shall be awaiting her arrival, to proceed either to Nicolaieff or Odessa. If no such orders be given she is to proceed to Odessa, where she shall be loaded. If the Freighters have the option of loading at any other port than Nicolaieff or Odessa, the loading orders are to be given at Constantinople as above. Failing such orders loading time to count. If the Steamer discharges at a port in the Black Sea, loading orders to be given there.

4.—If the Steamer be ordered to Nicolaieff **and ice** (except in the Spring) **prevents** her entering the port, this Contract shall be null and void. Should **frost** ensue (except in the Spring) after the Steamer has arrived at Nicolaieff, and the vessel is compelled to leave to avoid being frozen in, the Master is at liberty to leave without cargo, in which case the Contract shall be null and void, or with part cargo, and to fill up for Steamer's benefit at any open Black Sea, Marmora, Adriatic, or Mediterranean port or ports for the United Kingdom, Continent or Mediterranean; but in case of leaving with part cargo, the Steamer shall complete the voyage as if a full cargo had been loaded, or shall forward such part cargo to its destination, provided that no extra expense be thereby caused to the receivers, freight being paid on quantity delivered under this Contract.

5.—The Master or Owner is to **telegraph announcing the Steamer's departure** from the last port of outward discharge, also on passing Constantinople (unless taking cargo to the loading port) to

of

Forty-eight hours additional time shall be allowed for loading if there be any **failure to telegraph** from the last discharging port and/or Constantinople. The Captain to apply to

of for cargo

6.—All cargo shall be **loaded** at the average rate of
- 400 tons for Steamers of 2,800 tons and under
- 450 tons for Steamers above 2,800 tons d. w. up to 4,000 tons d. w.
- 500 tons for Steamers above 4,000 tons d. w.

per running day (Sundays and recognised Government Holidays, and any delay actually occasioned by snow and rain at the place of shipment excepted). If the Steamer be detained longer, **demurrage** to be paid at the rate of **threepence** per **gross register** ton per running day; but the Freighters shall not detain the Steamer beyond 10 days on demurrage. **Time** at each place of shipment **to count** from the morning after Steamer is ready to load in all her holds, provided the usual notice of readiness is handed in by the Master to Freighters' Agents before 5 p. m. (**whether in berth or not**), but if the Freighters are unable to obtain a berth for the Steamer immediately after arrival, they shall be allowed the time actually so lost, **up to but not exceeding** **hours** as further loading time. If there be delay in securing berths at more than one loading port or place then the above extension of hours shall cover the time allowed for all such delays.

7.—If **one Shipper** loads the Steamer entirely, he is to have the **option** of supplying the **mats** required, or of paying the Steamer the usual mat money, viz., 1½ **copecks per chetwert of 10 poods.** Should the Steamer load **parcels** from several shippers, the **Owners** are to supply whatever mats are required for dunnage and separating the different parcels, receiving the usual mat money as above.

8.—**Two per cent. commission** is payable on the gross amount of freight, and demurrage, on shipment of cargo, to

to whom, and their Agents at port or ports of loading, Steamer **is to be consigned**, paying 8 £ 8 s. for Custom House business if Steamer loads a full cargo at one port. In case more ports than one are used 5 £ 5 s. to be paid at each port.

9.—If the Nation under whose flag the Steamer sails shall be at **war**, whereby the free navigation of the Steamer is endangered, or in case of **blockade** or **prohibition of export** of Grain and Seed from the loading port, this Contract shall be null and void at the last outward port of delivery, or at any subsequent period when the difficulty may arise, previous to cargo being shipped.

10.—Freighters are **not bound to load** before

n/s, and to have the **option** of **cancelling** this Contract if Steamer be not arrived in free pratique, and ready (whether in berth or not) to receive cargo on or before 5 p. m. on the n/s.

11.—**The Bill of Lading endorsed hereon,** encluding the negligence and deviation clauses, and all the conditions and exceptions thereof, are incorporated and form part of this Agreement.

12.—The Freighters' liability under this Contract ceases when the cargo is shipped, provided the difference of freight, dead freight, if any, and demurrage in loading, if any, are paid.

13.—The Freighters have the **option of shipping up to Five per cent. less than the above stipulated quantity**—any balance of cargo required by the Steamer is to be engaged by them at the best rates obtainable under the Owner's instructions.

14.—The Brockerage is at Five per cent., and is due to

on the signing hereof, and the Steamer is to be reported by them at the Custom House at

---

Anlage Nr. 4.

As Agreed with the London Corn Trade Association, and the Chamber of Shipping, 12th March, 1902.

Mc Nabb, Rougier & Co

Odessa & London.

Pds. ....

Nr. ....

Received *on account of Freight*

£ ....

to be deducted at port of discharge, subject to Insurance Premium only

£ .... *Charges to be paid by the receivers at the port of discharge.*

CHAMBER OF SHIPPING BLACK SEA-BERTH CONTRACT-BILL OF LADING, 1902.

Shipped, in good order and condition, by .... in and upon the good Steamship .... now lying in the Port of .... and bound for .... with liberty to carry a deckload, call at any intermediate por or ports for coaling and/or loading and/or discharging, or other purpose whatsoever.

....

....

being marked and numbered as per margin, and to be delivered in like good order and condition at the port of .... unto .... or to his or their assigns, he or they paying freight on the said goods on delivery at the rate of .... say .... per unit delivered according to the 1890 Black-Sea scale, and charges, if any, as per margin.

It is mutually agreed that the steamer shall have liberty to sail without Pilots; to tow and to be towed and assist vessels in distress; to deviate for the purpose of saving life or property, to convey goods in lighters to and from the Steamer at the risk of the Owners of the goods but at Steamer's expense; and in case the Steamer shall put into a port of refuge for repairs, to tranship the goods to their destination by any other steamship.

The Act of God, Perils, Dangers, and accidents of the Sea, or other Waters, of what nature and kind soever; Fire from any cause on Land or on Water, Barratry of the Master or Crew, Enemies, Pirates and Robbers, Arrests and Restraints of Princes, Rulers and People, Explosions, Bursting of Boilers, Brakage of Shafts, or any latent defects in Hull, and/or Machinery, Strandings, Collisions, and all accidents of Navigation, and all Losses and damages caused thereby are excepted, even when occasioned by negligence, default or error in judgment of the Pilot, Master, Mariners, or other Servants, or Agent of the Shipowners, but unless Stranded, Sunk or Burnt, nothing herein contained shall exempt the Shipowner from liability to pay for Damage to Cargo occasioned by bad Stowage, by improper or insufficient Dunnage, or absence, of customary ventilation, or by improper opening of Valves, Sluices and Ports, or by causes other than those above excepted, and all the above exceptions are conditional on the Steamer being Seaworthy when she sails on the Voyage, but any Latent Defects in the Hull and/or Machinery shall not be considered unseaworthiness provided the same do not result from want of due diligence of the Owners, or any of them, or by the Ship's Husband or Manager.

The Shipowner is not liable for loss or Damage occasioned by Decay, Putrefaction, Rust, Sweat, Change of Character, Draiuage, Leakage, Breakage, or any loss or damage arising from the nature of the goods or the insufficiency of packages; nor for Land Damage; nor for the obliteration or absence of Marks or Numbers; or for any loss or damage caused by the prolongation of the voyage.

The Steamer, while detained at any port for the purpose of coaling, is at liberty to discharge and receive goods and passengers.

The goods are to be applied for within 24 hours of Steamer's arrival and reporting at the Custom House, and to be discharged as fast as steamer can deliver during the ordinary working hours of the port, in bulk and/or bags at the receivers option, otherwise the master or agent shall be at liberty forthwith and at any time should delay occur in the discharge to put the goods or any part thereof into lighters or land same at the risk and expense of the owners thereof.

In case of quarantine at any port, the goods destined for that port may be discharged into quarantine depôt, hulk or other vessel, as required for the Steamer's despatch. Quarantine expenses upon the said goods, of whatever nature or kind shall be borne by the Owners thereof.

In case of the Blockade or interdict of the port of discharge or if the entering of or discharging in the port shall be considered by the Master unsafe by reason of war disturbances or ice, the Master may land the goods at the nearest safe and convenient port at the expense and risk of the Owners of goods; and the Steamer's responsibility shall cease when the goods are so discharged into proper and safe keeping, the Master giving immediate notice of the same to the Consignees of the goods, so far as they can be ascertained.

The Master or Agent shall have a lien on the goods for freight and payments made, if any, liabilities incurred in respect of any charges stipulated herein to be borne by the Owners of the goods.

In case any part of the within goods cannot be found during the Steamer's stay at the port of their destination they are to be sent back by first Steamer at the Steamer's risk and expense, and subject to any proved claim for loss of market, provided the goods are properly port marked.

The Steamer shall not be liable for incorrect delivery of packages unless each of them shall have been distinctly marked by the Shippers before shipment.

If the parcel herein signed for constitutes part of a larger bulk shipped without separation into parcels as per Bills of Lading each Bill of Lading shall bear its due proportion of shortage or damage and or sweepings if any.

General average yayable according to York-Antwerp Rules 1890.

If the cargo cannot be discharged by reason of a strike or lock-out of any class of workmen essential to the discharge of the cargo, the days for discharging shall not count during the continuance of such strike or lock-out. A strike of the Receiver's men only shall not exonerate him from any demurrage for which he may be liable under this Bill of Lading, if by the use of reasonable diligence he could have obtained other suitable labour, and in case of any delay by reason of the before-mentioned causes, no claim for damages shall be made by the Receivers of the cargo, the Owners of the Steamer, or by any other party under this Contract.

The Shippers to and Consignees of cargo for Holland, by accepting this Bill of Lading, expressly waive and renounce Article 700 of the Dutch Commercial Code, and agree to contribute their proportion of general average, including damages and expenses and allowances to the Steamer, even if these have been caused by the inherent vice of Steamer, by its unseaworthiness, or by the fault or neglect of the Commander or the Crew.

The owner and consignee of the goods and shipowner mutually agree to be bound by all the above stipulations, exceptions and conditions, notwithstanding any custom of the ports of loading or discharging to the contrary.

In Witness whereof the Master or duly authorized Agent of the said Steamer hath affirmed to .... Bills of Lading, all of this tenor and date, one of which Bills being accomplished the others to stand void.

Dated in..................... this..................... day of..................... 190.....

WEIGHT, QUALITY, QUANTITY AND CONTENTS UNKNOWN.

Anlage Nr. 5.

LONDON CORN TRADE ASSOCIATION. 43.

BLACK SEA AND DANUBIAN GRAIN CONTRACT.

PARCELS FOR SHIPMENT.

RYE TERMS.

1903.
Entered at Stationers' Hall.

London,................................ 190.....

....

on the printed conditions and rules endorsed on this contract.

....

† of fair average quality of the season's shipments, at time and place of shipment,
† at time and place of shipment about as per sealed sample marked ....
in possession of.. Natural Weight of..................... lbs. per bushel guaranteed at time and place of...................................... to be ascertained and determined according to the Rules of the London Corn Trade Association for the description of grain sold.

The grain is not warranted free from defect, rendering same unmerchantable, which would not be apparent on reasonable examination, any statute or rule of law to the contrary notwithstanding.
per first-class .... (Turks excluded), classed not lower than 80 a, or British Corporation B.S., for steamers, and for sailing vessels not lower than A 1 in red English, 5/6 1 1 French Veritas, or equal classification in Austrian, Norwegian, Italian, or other equal Register,
from ....
say ....
.... 2 per cent. more or less,
as per Bill or Bills of Lading .... dated ....
reckoning provisionally according to the rule endorsed on this Contract..........
.... equal to ....
and the weight at .... lbs. per Bushel, at the price of ....
less .... per cent., say ....
....
per .... lbs. sound delivered (subject to any country damaged grains in the fair average quality of the seasons crop), including Freight and Insurance to ....
as per Chamber of Shipping Blach Sea-Berth Contract-Bill of Lading, 1902.

If vessel discharge on the Continent, the out-turn to be computed at 50³/₄ kilos. equal to 112 lbs. English, in French, Belgian and Dutch Ports; 1016 kilos. equal to 2240 lbs. English, in German Ports; and the whole shipment to be weighed.

If mutually agreed between Seller and Buyer, the Grain may be weighed by approved Hopper Scale of 2,000 lbs. or over, in which case the allowance for draftage shall be 2 lbs. per 2,000 lbs., any custom of the port to the contrary notwithstanding.

The lighterage and strike clauses in the Black Sea, Azoff, and Danube Charter Parties of 1890, are to be understood as forming part of this Contract.

If Parcel sold for London, vessel to discharge in one of the Customary Docks or places, and any Lighterage charged by ship in accordance with the foregoing Clause, to be for seller's account.

If parcel sold for a Continental port, vessel to discharge in one of the customary docks or places, and any lighterage charged by Ship in accordance with the above-named Lighterage and Strike Clauses, to be paid by Receivers according to their respective Bill of Lading quantities; such expenses to be refunded by sellers to Buyers in final invoice.

If documents are tendered which do not provide for discharging as above or contain contrary stipulations, Seller to be responsible to Buyer for all extra expenses incurred thereby.

Seller has the option of shipping a further 3 per cent. more or less on contract quantity, excess or deficiency over the above 2 per cent. to be settled at the c. f. & i. price on date of Bill of Lading; value to be fixed by Arbitration, unless mutually agreed.

Should any of the within mentioned quantity form part of a larger quantity of bags of same mark, or of similar quality if in bulk, no separation or distinction shall be deemed to be necessary. All loose collected, damages and sweepings, and any excess or deficiency to be shared by the various parcels *pro rata*.

The Unit under this Contract to be..

Slight dry warmth not injuring the grain not to be objected to, but damage by sea-water or otherwise, to be taken by Buyer with an allowance for deterioration (excepting for country damaged as above), calculated on a percentage based on Contract price, to be fixed by arbitration in London, according to the 9th printed Rule endorsed on this Contract. Samples to be taken and sealed jointly by Buyer's and Seller's Agents at port of discharge.

Payment, Cash in London, within seven days after receipt of Invoice, less discount for unexpired portion of three months from date of Bill of Lading at 5 per cent. per annum, or Bank rate of the day on which the invoice is received by Buyer if over this, in exchange for Bill or Bills of Lading and Policy or Policies of Insurance (free of war risk) effected with approved Underwriters, but for whose solvency Seller is not responsible.

Seller to give Policy or Policies of Insurance for 2 per cent. over the Invoice amount, including the above 2............ per cent., and any amount over this to be for Seller's account.

All Average to be for Seller's account. Buyer to the furnish Seller, on settlement of Amended Invoice, with the usual documents required by Average Adjusters for preparation of Average Statement, and to return Seller the Policy or Policies received from him, plus Policy or Policies for any increase in C.I.F. value, should such have occurred (irrespective of any amount that may have been over insured by Seller), failing which Buyer shall pay such contribution to average thereon as seller may be unable to recover in consequence. Should average statement be made up on the Continent the deficiency or surplus account shall be settled as soon as the out-turn is ascertained; and Seller shall pay to Buyer the amount due to the ship, if any, for general average according to statement, on Buyer handing to Seller the Policy or Policies of Insurance and other documents as provided above, together with the average statement.

In case of shipment being prevented by prohibition of export, blockade, or hostilities, or on the annulling of the Charter Party made against this Contract, under clause 17 of the 1890 Charter Party, this Contract, or any unfulfilled part thereof, to be cancelled.

Seller to pay.................. Brockerage of.................. per cent. on the c. f. & i. price, Contract cancelled or not cancelled.

Buyer and Seller agree that, for the purpose of proceedings, either legal or by arbitration, this Contract sall be deemed to have been made in England, and to be performed there, any correspondence in reference to the offer, the acceptance, the place of payment or otherwise notwithstanding, and the Courts of England or Arbitrators appointed in England, as the case may be, shall, except for the purpose of enforcing any award made in pursuance of the arbitration clause hereof, have exclusive jurisdiction over all disputes which may arise under this contract. Such disputes shall be settled according to the law of England whatever the domicile, residence, or place of business of the parties to this contract may be or become. Any party to this contract residing or carrying on business in a foreign country, shall, for the purposes of proceedings, be considered as ordinarily resident or carrying on business at the Consulate in London of the country of his residence or place of business. Any party to this contract residing or carrying on busiuess either in Scotland or Ireland, shall, for the purposes of such proceedings, be considered as ordinarily resident or carrying on business at the Office of the London Corn Trade Association, and being a party residing or carrying on business in Scotland, shall be held to have prorogated jurisdiction as against himself to the English Courts, and being a party residing or carrying on business in Ireland, shall be held to have submitted to the jurisdiction, and to be bound by the decision of the English Courts. The service of proceedings upon a party residing or carrying on business in a foreign country, by leaving the same at such Consulate, and upon a party residing or carrying on business either in Scotland or Ireland, by leaving the same at the office of the London Corn Trade Association, together with the posting of a copy of such proceedings to the address abroad, or in Scotland or Ireland of such party, shall be deemed good service, any rule of law or equity to the contrary notwithstanding.

Difference in quality shall not entitle the Buyer to reject, except under the award of Arbitrators or the Committee of Appeal, as the case may be. All disputes from time to time arising out of this contract, including any question of Law appearing in the proceedings, whether arising between the parties hereto, or between one of the parties hereto and the Trustee in Bankruptcy of the other party, shall be referred to Arbitration, according to the Rule endorsed on this contract, and this stipulation may be made a rule of any of the Devisions of His Majesty's High Court of Justice in Ireland, on the application of either contracting party, for the purpose of enforcing an award against a party residing or carrying of business in Ireland. Neither Buyer, Seller, Trustee in Bankruptcy, nor any other person claiming under either of them, shall bring any action against the other of them in respect of any such dispute until such dispute has been settled by Arbitrators, or by the Comittee of Appeal, as the case may be, and it is expressly agreed that the obtaining an award from either tribunal, as the case may be, shall be a condition precedent to the right of either contracting party to sue the other in respect of any claim arising out of this contract. Neither Buyer, Seller, Trustee in Bankruptcy, nor any other person as aforesaid, shall require nor shall they apply to the Court to require, any Arbitrator or the Committee of Appeal, to state in the form of a Special Case, for the opinion of the Court, any question of Law arising in the course of the reference, but such question of Law shall be determined by arbitration in manner herein directed, any provisions to the contrary in the Arbitration Act, 1889, notwithstanding.

CONDITIONS AND RULES.

1. Notice of APPROPRIATION, with ship's name, date of Bill of Lading, and approximate quantity loaded, shall be given by Seller, if he is the original Seller, or his Agent, to his Buyer within **eight days** from date of Bill of Lading, and by Sellers other than the origiual Seller within **one business day** from receipt of notice from their respective Seller, but should appropriation be made on telegraphic information, this shall be stated on the notice and the notice shall in such case be deemed to be under reserve for errors or delay in transmission, and should such telegraphic information be delayed beyond the **eight days** or be lost by causes out of Seller's control, then Seller to have twenty-four hours after receipt of the necessary particulars in London or Liverpool for making appropriation. Provisional Invoice shall be sent by Seller, if he is the original Seller, to this Buyer within **three business days** after receipt of documents in London or Liverpool, and by Sellers other than original Seller within **one business day** from receipt of provisional Invoice from their respective Sellers. A tender or notice to the buying Broker or Agent shall by deemed a tender or notice within the terms of this Contract. If documents are tendered within the time stipulated but after arrival of steamer at port of discharge all charges incurred shall be borne by Seller.

1a. PROVISIONAL COMPUTATION. — The quantity shipped to be computed provisionally as follows:— If shipped by Hectolitre, the computation to be 100 Imperial quarters equal to 291 Hectolitres; if shipped in poods, $62^1/_2$ poods equal to 2240 lbs. English.

2. BILL OF LADING to be considered proof of date of shipment in the absence of evidence to the contrary. Each shipment to be considered a separate contract.

3. NOTICE TO RETIRE DOCUMENTS shall be given by Buyer at Seller's office before 1 o'clock on the day of payment, except on Saturdays, when the time shall be 11 o'clock.

4. NON-BUSINESS DAYS.—Sundays, Good Friday, Easter Monday, Whit Monday, the first Monday in August, Christmas Day, and the next week-day following.

5. IN DEFAULT of fulfilment of contract, either party, at his discretion, shall, after giving notice in writing, have the right of re-sale or re-purchase, as the case may be, and the defaulter shall make good the loss, if any, by such re-purchase or re-sale, on demand. And in case either party shall suspend payment of his debts, or commit an act of bankruptcy, the other party shall, after giving notice in writing to the party so suspending payment, or committing an act of bankruptcy, by leaving the same at his office, and notwithstanding notice of any act of bankruptcy, be entitled immediately to re-sell or re-purchase, as the case may be, and shall also be entitled to be paid by the party so suspending payment or committing an act of bankruptcy, or to prove against his estate, whether wound up in bankruptcy or otherwise, for the loss, if any, or shall account for the profit, if any, occasioned by such re-sale or re-purchase.

6. Any COMMISSION ON FREIGHT to be for Seller's benefit, but any discount for payment of freight in cash to be for account of Buyer.

7. WHEN buyer claims ARBITRATION for quality and/or condition upon samples previously drawn and sealed, he shall, if he is the last buyer, appoint his Arbitrator, and give notice of such appointment to his seller not later than 10 running days after final discharge of shipment, but if he is an intermediate buyer then in due course after receiving notice from his buyer. If the claim is for condition, the seller, if he is the original seller, shall appoint and instruct his Arbitrator, within three business days after receipt of buyer's nomination; and if he is an intermediate seller, then in due course after receipt of nomination from his seller. If the Arbitration is delayed by either party without reasonable cause, the Arbitrators shall take such delay into account in making their award.

8. FINALTY RULE.—Arbitration on quality (having been claimed in accordance with the terms of this Contract), the parties claiming must proceed with the Arbitration within 28 days of final discharge when sold on sample, or when sold fair average quality within 28 days of the publication in the Trade Lists that the Standard has been, or will not be made up. After the expiration of these limits, claims for quality to be void unless the delay is, in the opinion of Arbitrators, considered justifiable.

9. ARBITRATION.—All disputes arising out of this contract shall be from time to time referred to two Arbitrators, one to be appointed by each party in difference, the two arbitrators having power to appoint a third. In the event, however, of one of the parties appointing an Arbitrator and the other refusing, or, for seven days (three business days if for condition) after notice of the appointment omitting to appoint and instruct his Arbitrator, or in case either of the Arbitrators shall refuse, or, for three days after notice from the other of them shall omit to concur in the appointment of a third Arbitrator, or if any one or more of the Arbitrators shall die, refuse to act, or become incapacitated, and the person or persons with whom their or his appointment originally rested shall omit to appoint and instruct a substitute within three days after notice of such death, refusal or incapacity, or in case the Arbitrators or any two of them shall not within 28 days (seven days if for condition) after the appointment of the last appointed of them make an award, then upon application of either of the disputing parties, and provided the applicant pays to the Secretary of the Association the sum of 5 £ 5 s., the questions in dispute shall stand referred to two Arbitrators to be appointed by the Executive Committee of the London Corn Trade Association at a meeting convened by notice, and at which not less than three members shall be present, such two Arbitrators having power to appoint a third. In case the two Arbitrators appointed as last mentioned shall not within 28 days (seven days if for condition) after their appointment make an award or appoint a third Arbitrator, then the said Executive Committee, at a meeting constituted as hereinbefore provided, shall appoint a third Arbitrator, and, in the case of the death, refusal to act, or incapacity of any such Arbitrators, the said Executive Committee shall from time to time substitute a new Arbitrator

or Arbitrators in the place of Arbitrator or Arbitrators so dying, refusing, or becoming incapacitated.

The Arbitrators appointed shall be in all cases Principals engaged in the Corn Trade as Merchants, Millers, Factors, or Brokers, and members of the London Corn Exchange, the Baltic, or the London Corn Trade Association, residing in the United Kingdom.

Every award shall be in writing on an official form to be supplied by the Association at a charge fixed by them, and the award in writing, on an official form, of any two Arbitrators (subject only to the right of Appeal hereinafter mentioned) shall be conclusive and binding upon all disputing parties, both with respect to the matter in dispute and all expenses of and incidental to the reference and award.

In case either party shall be dissatisfied with the award, a right of appeal shall lie to the Committee of Appeal elected for that purpose, and in accordance with the rules and regulations of the London Corn Trade Association, in force at date of Contract, provided notice be given to the Secretary of that Association before 4 o'clock p. m. on the fourth business day after that on which the objecting party shall have notice of the award, and provided also the Appellant do pay to the Association, on giving notice of Appeal as above, as a fee for the investigation, the sum of 15 £ 15 s. if a Member of the Association, or if not a Member of the Association the sum of 21 £.

The Committee of Appeal shall confirm the award appealed from, and the Appeal fees shall follow the award, unless four Members of the Committee decide otherwise. The award of the Committee whether confirming or varying the original award, shall be signed by the Chairman of the Committee, whose signature as Chairman shall be conclusive, aud shall in all cases be final.

No appeal will be allowed unless the award is in writing on an official form, nor on awards for condition where the grain is sold on terms known as Rye terms.

Any person having an interest in the matter in dispute shall be incompetent to act as Arbitrator, or on the Appeal, or to vote on the appointment of Arbitrators by the Executive Committee, or at the election by the Committee of Appeal.

Notices under this Rule to be given in writing, and delivered personally, or left at the usual place of business of the person or firm to whom they are addressed.

Anlage Nr. 6.

1903. **Nr. 1.**

Deutscher Vertrag für Teilladungen.

.... den .... 1903.

Herr ....

....

Ich/Wir .... kaufte .... durch Vermittelung de........ Herr..................

....

unter nachfolgenden Bedingungen:

Gegenstand des Geschäfts: .... To. (= 1000 kg), in Buchstaben: ....

a) Gute Durchschnittsqualität der Verschiffungen zur Zeit und am Orte der Verladung im Abladegewicht von ...., nicht mehr als ....% Beisatz enthaltend.

b) Ungefähr laut Muster, bezeichnet ...., gesiegelt ...., im Besitze de..............

....

Verkäufer hat das Recht, bis 5 % mehr oder weniger zu verladen; hiervon sind 2 % zum Vertragspreise, der Rest zum Tagespreise zu verrechnen. Für die Berechnung des Tagespreises ist das Datum des Konnossements maßgebend.

Ist bei der Entlöschung das Über- und Untergewicht größer als 5 %, so hat der Käufer die Wahl, Verrechnung zum Kaufpreise oder zum Marktwerte des Ankunftshafens am letzten Entlöschungstage zu verlangen, und zwar in beiden Fällen vom ganzen Über- oder Untergewicht einschließlich der erlaubten 5 %.

Preis: Mark .... in Buchstaben .... für ausgelieferte 1000 kg, einschließlich Fracht und Versicherung bis ....

....

Verladung: Durch erstklassige ....Dampfer ....
....(türkische ausgeschlossen) von ....

....

Die Leichter- und Streikklauseln der Schwarzes Meer-, Azow- und Donau-Charter-Parties von 1890 bilden einen Teil dieses Vertrags.

Bei Abschlüssen von 100 Tonnen und darunter muß die Partie in einem Dampfer verladen werden. Bei größeren Abschlüssen hat der Verkäufer das Recht, durch einen oder mehrere Dampfer zu verladen; jedoch sind Verladungen unter 100 Tonnen nur zulässig, wenn Verkäufer an Käufer 1 Mk. für die Tonne vergütet.

Wird der Vertrag durch Verladungen in mehreren Dampfern erfüllt, so steht dem Verkäufer das Recht der Mehr- oder Minderverladung von 5 % nur für die zuletzt verladene Menge zu.

Jede Teilladung gilt als ein besonderer Vertrag.

Verladungszeit: ....

Endet die Verladungsfrist an einem Sonn- oder Feiertage, durch welchen die Verladung behindert wird, so gilt der vorhergehende Geschäftstag als letzter Erfüllungstag. Eine Nachfrist ist ausgeschlossen.

Das Datum des Konnossements gilt als Beweis für den Zeitpunkt der Verladung, sofern die Unrichtigkeit nicht nachgewiesen werden kann.

Verladungsanzeige. Anzeigen über Verladungen mit Angabe des Schiffsnamens müssen an den Käufer innerhalb eines Zeitraumes von drei Tagen brieflich oder von sieben Tagen drahtlich, vom Datum des Konnossements ab gerechnet, abgesandt werden. Im Falle eines Weiterverkaufs wird diese Frist für jeden Verkäufer um einen Geschäftstag verlängert. Für Depeschenfehler oder andere nachweisbare Irrtümer ist der Verkäufer nicht verantwortlich. Am vierzehnten Tage nach Ablauf der vereinbarten Lieferungsfrist erlischt die Andienungsfrist auch für Weiterverkäufer.

Provisorische Rechnung und Verladungsproben. Der Verkäufer hat dem Käufer über die verladene Menge rechtzeitig provisorische Rechnung, welche den Namen des Dampfers und das Datum des Dampfers enthalten muß, zu erteilen; ohne diese ist der Käufer zur Aufnahme der Dokumente nicht verpflichtet.

Der erste Verkäufer ist verpflichtet, an den Käufer bei Erteilung der Rechnung Verladungsproben abzusenden; jedoch darf durch die Nichtinnehaltung dieser Verpflichtung die Aufnahme der Dokumente nicht aufgehalten werden.

Verladungsbehinderung. Im Falle die Verladung durch Ausfuhrverbot, Blockade oder Feindseligkeiten verhindert ist, ist dieser Vertrag oder jeder noch unerfüllte Teil desselben aufgehoben.

Wird die Verladung durch Eis verhindert, so ist

a) dieselbe innerhalb dreier Wochen nach offizieller Wiedereröffnung der Schiffahrt zu bewirken,

b) dieser Vertrag aufgehoben.

Qualität. Die Ware ist gesund auszuliefern. Leichte, trockene Wärme, durch welche die Qualität der Ware nicht gelitten hat, ist nicht zu beanstanden. Der Käufer hat auch beschädigte Ware mit einer Vergütung, welche im Falle durch Schiedsspruch festzusetzen ist, abzunehmen.

Entlöschung. Die Entlöschung hat während der im Ankunftshafen üblichen Arbeitsstunden zu erfolgen, so schnell das Schiff liefern kann.

Leichterkosten fallen dem Verkäufer zur Last und sind bei der Schlußabrechnung zurückzuerstatten.

Wenn Dokumente angedient werden, welche eine Entlöschung wie oben nicht vorsehen oder gegenteilige Bedingungen enthalten, ist der Verkäufer für alle hierdurch entstehenden Extrakosten verantwortlich.

Falls Ware mit einer anderen ähnlichen Partie ohne Trennung verladen ist, sollen Fegsel und Beschädigung, sowie Mehr- oder Mindergewicht unter die Empfänger pro rata verteilt werden.

Zahlung. Der Rechnungsbetrag ist gegen Aushändigung der Konnossemente

....

und der Policen .... zu begleichen durch

....

Im Falle die Zahlung durch Kassa abzüglich Reichsbankdiskont erfolgt, ist bei Abschlüssen auf Abladung der Satz der deutschen Reichsbank am Tage des Konnossementsdatums, bei Abschlüssen über verladene Ware derjenige am Tage des Abschlusses maßgebend.

Dokumente sind dem Käufer an einem Geschäftstage bis 12 Uhr mittags zur Prüfung vorzulegen und, wenn in Ordnung, bis 12 Uhr mittags des nächsten Geschäftstages zu begleichen.

Policen. Die Policen müssen von anerkannt guten Versicherern oder Versicherungsgesellschaften, für deren Zahlungsfähigkeit jedoch der Verkäufer nicht haftet, in Höhe von 3 % über den Rechnungsbetrag geliefert werden; ein darüber hinausgehender Betrag verbleibt zugunsten des Verkäufers.

Die Policen müssen einen Vermerk darüber enthalten, daß die Prämie bezahlt ist und daß die Versicherungssumme, welche den imaginären Gewinn einschließt, im Falle des Totalverlustes voll bezahlt wird.

Havarie. Jede Havarie ist für Verkäufers Rechnung.

Ware aus einem Schiff, welches Havarie erlitten hat, ist nicht mehr andienbar, sofern der Verkäufer von der Havarie Kenntnis hat.

Bei einer Beschädigung der Ware durch Havarie hat der Verkäufer innerhalb vier Wochen an den Käufer den durch Schiedsspruch festgestellten Minderwert, sowie den verauslagten Beitrag zur großen Havarie gegen Aushändigung der betreffenden Dokumente zu erstatten.

Probenentnahme. Proben zwecks Naturalgewichtsfeststellung und Arbitrage sind während der Entlöschung gemeinsam von den Vertretern des Verladers und Empfängers gemäß dem Hafengebrauch an Bord zu nehmen und an Bord zu versiegeln.

Die Probenentnahme und Versiegelung der Proben ist von den Parteien kostenlos zu bewirken.

Verweigert eine Partei die gemeinsame Probenentnahme und Versiegelung, so ist die andere berechtigt, bei den Handelsvorständen des Ankunfthafens die Ernennung eines offiziellen Vertreters zu beantragen. Die Kosten hat der Säumige zu tragen.

Wo Handelsvorstände fehlen, sind diesbezügliche Anträge an den Vorstand der Getreidebörse oder an eine sonst zuständige Behörde zu richten.

Naturalgewichtsfeststellung. Die Feststellung des Naturalgewichts geschieht am Entlöschungshafen an Land auf geeichtem Getreideprober, ein Liter enthaltend, sofort nach beendeter Entlöschung, und sind hierzu Duplikate der Arbitrageproben zu verwenden. Die Feststellung erfolgt durch von den Handelsvorständen ernannte Personen oder, wo erstere nicht vorhanden, durch vereidete Wäger.

Vergütung für Mindernaturalgewicht. Bei Abschlüssen von Weizen, Roggen, Gerste und Hafer nach Naturalgewicht ist 1 % für natürlichen Schwund auf der Reise zu erlauben. Sofern das Naturalgewicht innerhalb zweier Grenzen (z. B. 71/72 kg oder 9 Pud 10/15) vereinbart ist, gilt das mittlere Gewicht als Grundlage.

Für Mindernaturalgewichte, welche über das erlaubte 1 % hinausgehen, ist auf die gesund eingelieferte Ware zu vergüten:

a) Bei Weizen: 1 % vom Vertragspreise für jedes Kilo im Hektoliter oder die ersten 5 Pf. russ. im Tschetvert bis zu $2\frac{1}{2}$ Kilos, oder $12\frac{1}{2}$ Pf. russ. im Tschetvert,

2 % vom Vertragspreise für jedes fernere Kilo bis zu 5 Kilos pr. Hektoliter oder 25 Pf. russ. pr. Tschetvert.

Bei noch größerem Untergewicht entscheidet Schiedsspruch über den Minderwert.

b) Bei Roggen:

für das erste Kilogramm im Hektoliter oder die ersten 5 Pf. russ. im Tschetvert	$\frac{1}{8}$ %	des Vertragspreises für jede $\frac{2}{10}$ kg pr. Hektoliter oder jedes russ. Pfund pr. Tschetvert
für das zweite Kilogramm im Hektoliter oder die zweiten 5 Pf. russ. im Tschetvert	$\frac{1}{2}$ %	
für weiteres Mindergewicht	$\frac{2}{8}$ %	

c) Bei Gerste und Hafer: 1 % vom Vertragspreise für jedes Kilo Mindergewicht. Bruchteile sind zu berechnen.

Für die Umrechnung gilt die Vergleichstafel der deutschen Kaiserlichen Normal-Eichungs-Kommission.

Bemängelung der Ware. Der Empfänger hat eine Bemängelung der Ware binnen einer Woche nach beendigter Entlöschung der gelieferten Partie seinem Verkäufer anzuzeigen. Zwischenkäufer haben die Anzeige unverzüglich weiterzugeben.

Wird Schiedsspruch über Beschaffenheit oder Mustergemäßheit der Ware verlangt, so sind die Arbitrageproben dem Schiedsgericht unverzüglich zur Begutachtung zuzustellen.

Wird Schiedsspruch über Durchschnittsqualität verlangt, so hat der Käufer spätestens vierzehn Tage nach der Veröffentlichung, daß der Durchschnitt der betreffenden Abladungen festgestellt ist oder nicht festgestellt werden kann, Antrag beim Schiedsgericht zu stellen. Unterläßt es der Käufer, den Antrag rechtzeitig zu stellen, so ist das Anrecht auf Schiedsspruch erloschen.

Unterschiede in der Qualität berechtigen den Käufer nicht, die Abnahme der Ware zu verweigern, es sei denn, daß das zur Entscheidung angerufene Schiedsgericht die Abnahmeverweigerung für berechtigt erklärt.

Schlußrechnung. Schlußrechnungen sind innerhalb 14 Tagen zu begleichen.

Nichterfüllung. Im Falle der Nichterfüllung dieses Vertrages ist der Nichtsäumige berechtigt:

a) vom Vertrage zurückzutreten,

b) binnen dreier Geschäftstage freihändig oder öffentlich die Ware für Rechnung des Säumigen zu verkaufen bezw. einen Deckungskauf vorzunehmen, wobei der Selbsteintritt zulässig ist,

c) den Wert der Ware durch Schiedsgericht feststellen zu lassen und den sich ergebenden Preisunterschied vom Säumigen sofort zu verlangen.

Der Nichtsäumige hat dem Säumigen unverzüglich mitzuteilen, von welchem Rechte er Gebrauch machen will.

Zahlungseinstellung. Stellt einer der Vertragschließenden seine Zahlungen ein, oder liegen Tatsachen vor, die einer Zahlungseinstellung gleich zu erachten sind, so hat der andere Teil die Abwickelung des Geschäfts spätestens am zweiten Geschäftstage nach dem Bekanntwerden der Zahlungseinstellung oder einer dieser gleich zu erachtenden Tatsache durch Kauf bezw. Verkauf zu bewirken oder den Wert der Ware durch das Schiedsgericht feststellen zu lassen. In jedem Falle ist der sich ergebende Preisunterschied zwischen den Parteien zu verrechnen.

Provision. Der Verkäufer hat dem Vermittler die vereinbarte Provision zu bezahlen, gleichviel, ob dieser Vertrag ausgeführt oder aufgehoben wird.

Schiedsgericht. Alle Streitigkeiten, welche aus diesem Vertrag entstehen, werden durch das Schiedsgericht .... entschieden.

Für jeden Streitfall werden vom Vorsitzenden de .... bezw. von dessen Stellvertreter drei Schiedsrichter bestimmt, welche mit den Parteien bis zum 4. Grade weder verwandt noch verschwägert sein, noch ein Interesse an der Sache haben dürfen.

Gegen den Schiedsspruch können die Parteien innerhalb sieben Tagen nach dessen Zustellung beim Vorstande de.. Berufung einlegen. Bei Qualitätsstreitigkeiten ist eine Berufung ausgeschlossen.

Das Oberschiedsgericht besteht aus fünf Schiedsrichtern, die den für die Mitglieder des Schiedsgerichts gestellten Bedingungen entsprechen müssen und bei der Erlassung des angefochtenen Schiedsspruchs nicht mitgewirkt haben dürfen.

Das schiedsgerichtliche Verfahren richtet sich nach den dafür festgesetzten Bestimmungen.

Die Schiedsrichter sind nicht verpflichtet, den Schiedsspruch zu begründen.

Verkäufer und Käufer unterwerfen sich endgültig dem Schiedsspruch unter Verzicht auf Anrufung der ordentlichen Gerichte.

Anlage Nr. 7.

1908. **Deutscher Kontrakt.** **1908.**

Teilladungen.

.... den 190

Herr ....
....

Ich/Wir .... kaufte/verkaufte .... durch Vermittelung de.......... Herr.................. unter nachfolgenden Bedingungen:

Gegenstand des Geschäftes: ....To. (To. = 1000 kg), in Buchstaben ....

a. Gute Durchschnittsqualität der Verschiffungen zur Zeit und am Orte der Verladung und im Abladegewicht von .... nicht mehr als .... % Beisatz enthaltend.

b. Ungefähr laut Muster, bezeichnet ...., gesiegelt von.................. im Besitz von ....

Verkäufer hat das Recht, bis 5 % mehr oder weniger zu verladen, hiervon sind 2 % zum Kontraktpreise, der Rest zum Tagespreise zu verrechnen. Für die Berechnung des Tagespreises ist das Datum des Konnossements maßgebend.

Ist bei der Entlöschung das Über- oder Untergewicht größer als 5 %, so hat der Käufer die Wahl, Verrechnung zum Kaufpreise oder zum Marktwerte des letzten Entlöschungstages zu verlangen, und zwar in beiden Fällen vom ganzen Über- oder Untergewicht einschließlich der erlaubten 5 %.

Preis. Mark .... für 1000 kg, einschließlich Fracht und Versicherung bis ....

Verladung durch erstklassige ...... Dampfer .... von ....

Die Leichter- und Streikklauseln der Schwarzes Meer-, Azow- und Donau-Charter-Parties von 1890 bilden einen Teil dieses Kontraktes.

Abladezeit ....

Endet die Abladefrist an einem Sonn- oder Feiertage, durch welchen die Verladung behindert wird, so gilt der vorhergehende Geschäftstag als letzter Erfüllungstag.

Verladungsbehinderung. Im Falle die Verladung durch Ausfuhrverbot, Blockade oder Feindseligkeiten verhindert ist, ist dieser Kontrakt oder jeder noch unerfüllte Teil desselben aufgehoben.

Wird die Verladung durch Eis verhindert, so hat dieselbe innerhalb drei Wochen nach offizieller Wiedereröffnung der Schiffahrt zu erfolgen. Falls der Verkäufer acht Tage vor Ablauf des Verladetermins dem Käufer den Dampfer aufgibt, welcher innerhalb des bedungenen Verladetermins hier eintreffen kann, und dieser Dampfer trotz der eröffneten Navigation durch Eis behindert ist, rechtzeitig einzulaufen, so hat der Verkäufer das Recht, innerhalb drei Wochen nach Ablauf seines Termins die Verladung vorzunehmen.

Offizieller Schluß resp. Eröffnung der Navigation wird angenommen laut Bekanntmachung des Nikolaieffer Börsenkomitees, welches seinerseits sich nach der Tätigkeit resp. dem Erfolg der Eisbrecher richten wird.

Verladungsanzeige. Anzeigen über Abladungen mit Angabe des Schiffsnamens müssen dem Käufer entweder brieflich binnen drei Geschäftstagen oder drahtlich binnen sieben Geschäftstagen nach dem Datum des Konnossements zugestellt werden. Im Falle eines Weiterverkaufs wird diese Frist für jeden Verkäufer um einen Geschäftstag verlängert, jedoch muß die letzte Andienung vor Eintreffen des Schiffes im Bestimmungshafen erfolgt sein.

Für Depeschenfehler oder andere nachweisbare Irrtümer ist der Verkäufer nicht verantwortlich, doch muß der Verkäufer die ordnungsgemäße Absendung der Andienung auf Verlangen nachweisen.

Bei Abschlüssen von 50 Tonnen und darunter muß die Partie mit einem Dampfer verladen werden. Bei größeren Abschlüssen hat Verkäufer das Recht, mit einem oder mehreren Dampfern zu verladen, jedoch sind Abladungen unter 50 Tonnen nur statthaft, wenn Verkäufer dem Käufer eine Mark per 1000 kg vergütet.

Jede Teilverladung gilt als besonderer Kontrakt.

Der Verkäufer hat dem Käufer über die verladene Menge rechtzeitig provisorische Rechnung zu erteilen; ohne solche ist der Käufer zur Aufnahme der Dokumente nicht verpflichtet.

Das Datum des Konossements gilt als Beweis für den Zeitpunkt der Abladung, sofern die Unrichtigkeit des Datums nicht nachgewiesen werden kann.

Qualität. Die Ware ist gesund auszuliefern. Leichte, trockene Wärme, welche die Qualität der Ware nicht schädigt, ist nicht zu beanstanden. Der Käufer hat durch Seewasser oder anderweitig beschädigte Ware mit einer Vergütung, welche im Falle durch Schiedsspruch festzusetzen ist, abzunehmen.

Entlöschung. Das Schiff hat nach Gebrauch des Ankunftshafens zu entlöschen. Leichterkosten fallen dem Verkäufer zur Last und sind dem Käufer bei der Schlußabrechnung zurückzuerstatten, falls laut Konnossement oder Charter der Dampfer dafür nicht verantwortlich ist.

Wenn Dokumente angedient werden, welche eine Entlöschung wie oben nicht vorsehen oder gegenteilige Bedingungen enthalten, ist der Verkäufer dem Käufer für alle hierdurch entstehenden Extrakosten verantwortlich.

Soweit die Ware ganz oder teilweise mit einer größeren, gleichartigen Partie ohne Trennung verladen ist, sollen Fegsel und Beschädigung, sowie Mehr- oder Mindergewicht unter die Empfänger pro rata verteilt werden.

Zahlung. Der Rechnungsbetrag ist gegen Aushändigung der Konnossemente .... und der Policen .... unverzüglich zu begleichen.

Der Käufer hat in keinem Falle das Recht, die Aufnahme der Dokumente zu verweigern, vorausgesetzt, daß zur richtigen Zeit verladen wurde, andernfalls trägt der Käufer alle daraus entstehende Folgen.

Policen. Müssen von anerkannt guten Versicherungsgesellschaften, für deren Solvenz jedoch der Käufer nicht haftet, in Höhe von 2 % über den Rechnungsbetrag geliefert werden; ein darüber hinausgehender Betrag verbleibt zugunsten des Verkäufers.

Havarie. Jede Havarie ist für Käufers Rechnung.

Probenentnahme. Proben zwecks Gewichtsfeststellung und Arbitrage sind von den Vertretern des Abladers und Empfängers gemeinsam an Bord zu nehmen und zu versiegeln in Gegenwart der Vertreter beider Parteien.

Verweigert eine Partei die gemeinsame Probenentnahme, so ist die andere berechtigt, bei den Handelsvorständen die Ernennung eines offiziellen Vertreters zu beantragen.

Gewichtsfeststellung. Die Feststellung des Naturalgewichts geschieht am Entlöschungshafen an einem von den betreffenden Handelsvorständen bezeichneten trockenen Raume auf geeichter Schale von mindestens 50 Liter nach beendeter Entlöschung innerhalb der folgenden 24 Werkstunden durch Vertreter des Verkäufers und des Käufers unter Zuziehung eines Obmannes im Falle von Meinungsverschiedenheiten.

Gewichtsvergütung. Bei Abschlüssen von Weizen, Roggen und Gerste nach Naturalgewicht ist 1 % für natürlichen Schwund auf der Reise zu erlauben. Sofern das Naturalgewicht innerhalb zweier Grenzen (z. B. 71/72 kg oder 9 Pud 10/15) vereinbart ist, gilt das mittlere Gewicht als Grundlage.

Für Mindernaturalgewichte, welche über das erlaubte 1 % hinausgehen, ist auf die gesund ausgelieferte Ware zu vergüten:

A. Bei Weizen: 1 % vom Konkraktpreise für jedes Kilo bis zu 2½ Kilos.
2 % „ „ „ fernere Kilo bis zu 5 Kilos.

Bei noch größerem Untergewicht entscheidet Schiedsspruch über den Minderwert. Bruchteile sind zu berechnen.

B. Bei Roggen:	für das erste Kilogramm im Hektoliter oder die ersten 5 Pfd. russ. im Tschetvert	$^1/_3$ %	des Kontraktpreises für jede $^2/_{10}$ Kilos per Hektoliter oder jedes russ. Pfund per Tschetvert
	für das zweite Kilogramm im Hektoliter od. die zweiten 5 Pfd. russ. im Tschetvert	$^1/_2$ %	
	für weiteres Mindergewicht	$^2/_3$ %	

C. Bei Gerste: 1 % vom Kontraktpreise für jedes Kilo Mindernaturalgewicht.

Ist ein Naturalgewicht bei Ankunft der Waren garantiert, so ist kein Schwund auf der Reise zu rechnen.

Bemängelung der Ware. Der Empfänger hat die Bemängelung der Ware binnen einer Woche nach beendeter Entlöschung der gelieferten Partie seinem Verkäufer anzuzeigen. Zwischenkäufer haben die Anzeige unverzüglich weiter zu geben.

Wird Schiedsspruch über Beschaffenheit oder Mustergemäßheit der Ware verlangt, so sind die Arbitrageproben dem maßgebenden Schiedsgericht innerhalb zweier Werktage nach dessen Ernennung zuzustellen.

Wird Schiedsspruch über Durchschnittsqualität verlangt, so sind die Arbitrageproben dem maßgebenden Schiedsgericht innerhalb sieben Werktage nach der Veröffentlichung, daß der Durchschnitt der betreffenden Abladungen festgestellt ist oder nicht festgestellt werden kann, zu übergeben.

Sollten die streitigen Ladungen aus einem Hafen ausgehen, dessen Börsenkomitee monatlich Standarte der Abladungen dieses Hafens absendet, so haben die Arbiter sich nach der gesandten Standarte zu richten.

Bei Abschlüssen in Gerste mit Garantie von Besatz zählt Weizen, Roggen und Hafer nicht als Besatz.

Qualitätsunterschied gibt dem Käufer nicht das Recht, sich von der Übernahme der Ware loszusagen.

Nichterfüllung. Im Falle der Nichterfüllung dieses Kontraktes ist der Nichtsäumige berechtigt:

a) vom Vertrage zurückzutreten;
b) binnen drei Geschäftstagen die Ware für Rechnung des Säumigen zu verkaufen bezw. einen Deckungskauf vorzunehmen, wobei der Selbsteintritt zulässig ist. Falls der dadurch festgestellte Preis beanstandet wird, entscheidet darüber Schiedsspruch, wie solcher für diesen Kontrakt vorgeschrieben.
c) den Wert der Ware durch Schiedsgericht feststellen zu lassen und den sich ergebenden Preisunterschied vom Säumigen zu verlangen.

Der Nichtsäumige hat dem Säumigen unverzüglich mitzuteilen, von welchem Rechte er Gebrauch machen will.

Zahlungseinstellung. Stellt einer der Vertragschließenden seine Zahlungen ein, so hat der andere Teil die Abwickelung des Geschäftes spätestens am zweiten Geschäftstage nach dem Bekanntwerden der Zahlungseinstellung durch den Kauf bezw. Verkauf zu bewirken oder den Wert der Ware durch das Schiedsgericht feststellen zu lassen. In jedem Falle ist der sich ergebende Preisunterschied zwischen den Parteien zu verrechnen.

Provision. Verkäufer zahlt 1 % Provision an .... gleichviel ob dieser Kontrakt ausgeführt oder aufgehoben wird.

Schiedsgericht. Alle aus diesem Kontrakte sich ergebenden Streitigkeiten oder Meinungsverschiedenheiten werden mit Ausschluß des gerichtlichen Weges durch freundschaftliche Arbitrage, zu welcher Vertreter beider Parteien vom Verkaufs- oder Übernahmsplatz heranzuziehen sind, geschlichtet.

Gegen Ausspruch der Arbiter steht jeder Partei das Recht der Appellation zu und sind dann neue Arbiter nicht später als innerhalb 15 Tagen nach der ersten Arbitrage zu ernennen.

Spesen der Arbitrage, sowie der Appellation, sollen 15 Mk. für jede 50 Tonnen, im ganzen aber selbst bei der größten Partie nicht mehr als 200 Mk. den beiden Parteien betragen.

Anlage Nr. 8.

1904. **Deutsch-Niederländischer Vertrag** Nr. 1.

für Teilladungen

von dem Schwarzen Meer, dem Asow und der Donau.

.... den 190

Herr ....

....

Ich/Wir .... kaufte .... durch Vermittelung de....... Herr..........................

.... unter nachfolgenden Bedingungen;

Gegenstand des Geschäfts: ....To. (= 1000 kg), in Buchstaben:

....

a) Gute Durchschnittsqualität der Verschiffungen zur Zeit und am Orte der Verladung und im Abladegewicht von ...., nicht mehr als .... % Beisatz enthaltend.

b) Ungefähr laut Muster, bezeichnet ...., gesiegelt ...., im Besitze de..

Verkäufer hat das Recht, bis 5 % mehr oder weniger zu verladen; hiervon sind 2 % zum Vertragspreise, der Rest zum Tagespreise zu verrechnen. Für die Berechnung des Tagespreises ist das Datum des Konnossements maßgebend.

Ist bei der Entlöschung das Über- oder Untergewicht größer als 5 %, so hat der Käufer die Wahl, Verrechnung zum Kaufpreise oder zum Marktwerte des Ankunftshafens am letzten Entlöschungstage zu verlangen, und zwar in beiden Fällen vom ganzen Über- oder Untergewicht einschließlich der erlaubten 5 %.

Preis: .... in Buchstaben: ....

für ausgelieferte .... einschließlich Fracht und Versicherung bis ....

Verladung: Durch erstklassige....... Dampfer ....

von .... direkt oder indirekt.

Die Leichter- und Streikklauseln der Schwarzes Meer-, Asow- und Donau-Charter-Parties von 1890 bilden einen Teil dieses Vertrags.

Bei Abschlüssen von 50 Tonnen und darunter muß die Partie in einem Dampfer verladen werden. Bei größeren Abschlüssen hat der Verkäufer das Recht, durch einen oder mehrere Dampfer zu verladen; jedoch sind Verladungen unter 50 Tonnen nur zulässig, wenn Verkäufer an Käufer 1 Mk. für die Tonne vergütet.

Wird der Vertrag durch Verladungen in mehreren Dampfern erfüllt, so steht dem Verkäufer das Recht der Mehr- oder Minderverladung von 5 % nur für die zuletzt verladene Menge zu.

Jede Teilverladung gilt als ein besonderer Vertrag.

Konnossement oder Konnossemente datiert oder zu datieren ....

Endet die Verladungsfrist an einem Sonn- oder Feiertage, durch welchen die Verladung behindert wird, so gilt der vorhergehende Geschäftstag als letzter Erfüllungstag. Eine Nachfrist ist ausgeschlossen.

Das Datum des Konnossements gilt als Beweis für den Zeitpunkt der Verschiffung, sofern nicht die Unrichtigkeit des Datums nachgewiesen wird.

Verladungsanzeige. Anzeigen über Verladungen mit Angabe des Schiffsnamens müssen an den Käufer innerhalb eines Zeitraumes von drei Tagen brieflich oder sieben Tagen drahtlich — für den Asow von fünf Tagen brieflich oder neun Tagen drahtlich —, vom Datum des Konnossements ab gerechnet —, abgesandt werden. Im Falle eines Weiterverkaufs wird diese Frist für jeden Verkäufer um einen Geschäftstag verlängert. Für Depeschenfehler oder andere nachweisbare Irrtümer ist der Verkäufer nicht verantwortlich. Am fünfzehnten Tage nach Ablauf der vereinbarten Lieferungsfrist erlischt die Andienungsfrist auch für Weiterverkäufer.

Provisorische Rechnung und Verladungsmuster. Der Verkäufer hat dem Käufer über die verladene Menge provisorische Rechnung, welche den Namen des Dampfers und das Datum des Konnossements enthalten muß, zu erteilen; ohne diese ist der Käufer zur Aufnahme der Dokumente nicht verpflichtet. Das Pud wird in der provisorischen Rechnung mit 16,25 kg berechnet.

Der erste Verkäufer ist verpflichtet, an den Käufer innerhalb sechs Tagen nach Erteilung der Rechnung Verladungsmuster abzusenden; jedoch darf durch die Verletzung dieser Verpflichtung die Aufnahme der Dokumente nicht aufgehalten werden. Auch soll die Verletzung für den Käufer keinen Anspruch auf Schadensersatz begründen, es sei denn, daß sie vorsätzlich oder fahrlässig erfolgt; ein höherer Schadensersatz als 0,50 Mk. für die Tonne ist ausgeschlossen.

Verladungsbehinderung. Falls die Verladung durch Ausfuhrverbot, Blockade oder Feindseligkeiten verhindert ist, ist dieser Vertrag oder jeder noch unerfüllte Teil desselben aufgehoben.

Wird die Verladung durch Eis verhindert, so ist[1]

a) dieselbe nicht später als drei Wochen nach offizieller Wiedereröffnung der Schiffahrt zu bewirken,

b) dieser Vertrag aufgehoben.

Qualität. Die Ware ist gesund auszuliefern. Leichte, trockene Wärme, durch welche die Qualität der Ware nicht gelitten hat, ist nicht zu beanstanden. Der Käufer hat auch beschädigte Ware mit einer Vergütung, welche im Falle durch Schiedsspruch festzusetzen ist, abzunehmen.

---

[1] Von den Bestimmungen unter a und b ist diejenige, die nicht gelten soll, bei Schließung des Vertrages zu streichen.

Entlöschung. Die Entlöschung hat während der im Ankunftshafen üblichen Arbeitsstunden zu erfolgen, so schnell das Schiff liefern kann.

Leichterkosten, die dadurch entstehen, daß das Schiff an der Erreichung des Bestimmungshafens behindert ist, fallen dem Verkäufer zur Last und sind bei der Schlußabrechnung zurückzuerstatten.

Wenn Dokumente angedient werden, welche eine Entlöschung wie oben nicht vorsehen oder gegenteilige Bedingungen enthalten, ist der Verkäufer für alle hierdurch entstehenden Extrakosten verantwortlich.

Falls Ware mit einer anderen, ähnlichen Partie ohne Trennung verladen ist, sollen Fegsel und Beschädigung, sowie Mehr- oder Mindergewicht unter die Empfänger pro rata verteilt werden; diese Bestimmung muß in den Konnossementen vermerkt sein.

Zahlung. Der Rechnungsbetrag ist gegen Aushändigung des Konnossements oder der Konnossemente .... und der Police oder der Policen .... zu begleichen durch

....

Falls die Zahlung durch Kassa abzüglich Reichsbankdiskont erfolgt, ist bei Abschlüssen auf Abladung der Satz der deutschen Reichsbank am Tage des Konnossementsdatums, bei Abschlüssen über verladene Ware derjenige am Tage des Abschlusses maßgebend.

Dokumente sind dem Käufer an einem Geschäftstage bis 12 Uhr mittags zur Prüfung vorzulegen und, wenn in Ordnung, bis 12 Uhr mittags des nächsten Geschäftstages zu begleichen.

Policen. Die Policen (Kriegsrisiko ausgeschlossen) müssen von anerkannt guten Versicherern oder Versicherungsgesellschaften, für deren Zahlungsfähigkeit jedoch der Verkäufer nicht haftet, in Höhe von 3 % über den Rechnungsbetrag geliefert werden; ein darüber hinausgehender Betrag verbleibt zugunsten des Verkäufers.

Die Policen müssen einen Vermerk darüber enthalten, daß die Versicherungssumme, welche den imaginären Gewinn einschließt, im Falle des Totalverlustes voll bezahlt wird.

Havarie. Jede Havarie ist für Verkäufers Rechnung.

Ware aus einem Schiff, das durch Havarie seeuntüchtig geworden, ist nicht mehr andienbar, sofern der Verkäufer von der Seeuntüchtigkeit Kenntnis erlangt hat.

Bei einer Beschädigung der Ware durch Havarie hat der Verkäufer innerhalb vier Wochen an den Käufer den durch Schiedsspruch festgestellten Minderwert, sowie den verauslagten Beitrag zur großen Havarie gegen Aushändigung der für den Dispacheur zur Aufmachung der Dispache erforderlichen Dokumente, sowie der Police oder der Policen zu erstatten.

Probenentnahme. Proben zwecks Naturalgewichtsfeststellung und Arbitrage sind während der Entlöschung gemeinsam von den Vertretern des Verladers und Empfängers an Bord zu nehmen und an Bord zu versiegeln. Die Probenentnahme und Versiegelung der Proben ist von den Parteien kostenlos zu bewirken.

Verweigert eine Partei die gemeinsame Probenentnahme und Versiegelung, so ist die andere berechtigt, bei den Handelsvorständen des Ankunftshafens die

Ernennung eines offiziellen Vertreters des Säumigen zu beantragen. Die Kosten hat der Säumige zu tragen.

Wo Handelsvorstände fehlen, sind diesbezügliche Anträge an den Vorstand der Getreidebörse oder an eine sonst zuständige Behörde zu richten.

Naturalgewichtsfeststellung. Die Feststellung des Naturalgewichts geschieht am Entlöschungshafen an Land auf geeichter automatischer Zwanzigliterschale sofort nach beendigter Entlöschung. Die Feststellung erfolgt durch von den Handelsvorständen ernannte Personen oder, wo erstere nicht vorhanden, durch vereidete Wäger.

Vergütung für Mindernaturalgewicht. Bei Abschlüssen von Weizen, Roggen, Gerste, Hafer und Buchweizen nach Naturalgewicht ist 1 % für natürlichen Schwund auf der Reise zu erlauben. Sofern das Naturalgewicht innerhalb zweier Grenzen (z. B. 71/72 kg oder 9 Pud 10/15) vereinbart ist, gilt das mittlere Gewicht als Grundlage.

Für Mindernaturalgewichte, welche über das erlaubte 1 % hinausgehen, ist auf die gesund ausgelieferte Ware zu vergüten:

a) Bei Weizen: 1 % vom Vertragspreise für jedes Kilogramm im Hektoliter oder die ersten 5 Pfd. russ. im Tschetvert bis zu 2½ kg oder 12½ Pfd. russ. im Tschetvert,
2 % vom Vertragspreise für jedes fernere Kilogramm bis zu 5 kg im Hektoliter oder 25 Pfd. russ. im Tschetvert.
Bei noch größerem Mindergewicht entscheidet Schiedsspruch über den Minderwert.

b) Bei Roggen: 1 % vom Vertragspreise für das erste Kilogramm im Hektoliter oder die ersten 5 Pfd. russ. im Tschetvert,
2 % vom Vertragspreise für das zweite Kilogramm im Hektoliter oder die zweiten 5 Pfd. russ. im Tschetvert,
2½ % vom Vertragspreise für das dritte Kilogramm im Hektoliter oder die dritten 5 Pfd. russ. im Tschetvert.
Bei noch größerem Mindergewicht entscheidet Schiedsspruch über den Minderwert.

c) Bei Gerste, Hafer und Buchweizen: 1 % vom Vertragspreise für jedes Kilogramm Mindergewicht.

Bruchteile sind zu berechnen.

Für die Umrechnung gilt die Vergleichstafel der deutschen Kaiserlichen Normal-Eichungs-Kommission.

Bemängelung der Ware. Der Empfänger hat eine Bemängelung der Ware binnen einer Woche nach beendigter Entlöschung der gelieferten Partie seinem Verkäufer schriftlich anzuzeigen. Zwischenkäufer haben die Anzeige unverzüglich weiterzugeben.

Wird Schiedsspruch über Beschaffenheit oder Mustergemäßheit der Ware verlangt, so sind die Arbitrageproben dem Schiedsgericht unverzüglich zur Begutachtung zuzustellen.

Wird Schiedsspruch über Durchschnittsqualität verlangt, so hat der Käufer spätestens 14 Tage nach der Veröffentlichung, daß der Durchschnitt der betreffenden Abladungen festgestellt ist oder nicht festgestellt werden kann, Antrag beim Schiedsgericht zu stellen. Unterläßt es der Käufer, den Antrag rechtzeitig zu stellen, so ist das Anrecht auf Schiedsspruch erloschen.

Unterschiede in der Qualität berechtigen den Käufer nicht, die Abnahme der Ware zu verweigern, es sei denn, daß das zur Entscheidung angerufene Schiedsgericht die Abnahmeverweigerung deshalb für berechtigt erklärt, weil der Unterschied des Preises 10 % oder mehr beträgt.

Bei Verkäufen von Gerste auf Basis von bestimmtem Prozentsatz Besatz wird Weizen, Roggen und Hafer (außer Wild- und Flughafer) nicht als Besatz gerechnet, falls dieser Besatz zusammen 3 % nicht übersteigt.

Schlußrechnung. Schlußrechnungen sind innerhalb 14 Tagen zu begleichen.

Nichterfüllung. Im Falle der Nichterfüllung dieses Vertrages ist der Nichtsäumige berechtigt:

a) vom Vertrage zurückzutreten,

b) binnen dreier Geschäftstage freihändig oder öffentlich die Ware oder die Dokumente für Rechnung des Säumigen zu verkaufen bezw. einen Deckungskauf vorzunehmen, wobei der Selbsteintritt zulässig ist,

c) den Wert der Ware durch Schiedsgericht feststellen zu lassen und den sich ergebenden Preisunterschied vom Säumigen sofort zu verlangen.

Der Nichtsäumige hat dem Säumigen unverzüglich mitzuteilen, von welchem Rechte er Gebrauch machen will.

Zahlungseinstellung. Stellt einer der Vertragschließenden seine Zahlungen ein, oder liegen Tatsachen vor, die einer Zahlungseinstellung gleich zu erachten sind, so hat der andere Teil die Abwickelung des Geschäfts spätestens am zweiten Geschäftstage nach dem Bekanntwerden der Zahlungseinstellung oder einer dieser gleich zu erachtenden Tatsache durch Kauf bezw. Verkauf zu bewirken oder den Wert der Ware durch das Schiedsgericht feststellen zu lassen. In jedem Falle ist der sich ergebende Preisunterschied zwischen den Parteien zu verrechnen.

Provision. Der Verkäufer hat dem Vermittler die vereinbarte Provision zu bezahlen, gleichviel, ob dieser Vertrag ausgeführt oder aufgehoben wird.

Schiedsgericht. Alle Streitigkeiten, welche aus diesem Vertrag entstehen, werden durch das Schiedsgericht .... entschieden.

Aus den von..

ernannten Schiedsrichtern, deren Zahl mindestens 18 beträgt, werden für jeden Streitfall von den beiden Parteien je einer und von.. ein dritter gewählt. Wenn der Beklagte nicht innerhalb 14 Tagen sein Wahlrecht ausübt, wird die Wahl für ihn .... vorgenommen.

Die Schiedsrichter dürfen weder mit den Parteien bis zum vierten Grade verwandt oder verschwägert sein, noch ein Interesse an der Sache haben.

Gegen den Schiedsspruch können die Parteien innerhalb sieben Tagen nach dessen Zustellung bei...

Berufung einlegen. Bei Streitigkeiten über die Beschaffenheit der Ware ist eine Berufung ausgeschlossen.

Das Oberschiedsgericht besteht aus fünf Schiedsrichtern, die den für die Mitglieder des Schiedsgerichts gestellten Bedingungen entsprechen müssen und bei der Erlassung des angefochtenen Schiedsspruchs nicht mitgewirkt haben dürfen.

Das schiedsgerichtliche Verfahren richtet sich nach den dafür festgesetzten Bestimmungen.

Verkäufer und Käufer unterwerfen sich endgültig dem Schiedsspruch unter Verzicht auf Anrufung der ordentlichen Gerichte.

Inhaltsverzeichnis.

Zeitfracht Medien GmbH
Ferdinand-Jühlke-Straße 7
99095 Erfurt, Deutschland
produktsicherheit@kolibri360.de